Über dieses Buch

Dieses Buch wurde von einem professionellen Kartenleger geschrieben, der neben der Kartenarbeit über jahrelange Erfahrung in Beratungs- und Therapiesitzungen verfügt. Es soll eine Hilfe für Anfänger und Fortgeschrittene sein, wobei der Autor sehr individuelle Kartendeutungen und Techniken verwendet, die seiner persönlichen Erfahrung und Intuition entsprechen. Wir weisen ausdrücklich darauf hin, dass das Deuten von Wahrsagekarten kein Ersatz für eine Therapie sein kann, die grundsätzlich von einem Arzt, Psychotherapeuten oder Heilpraktiker durchgeführt werden sollte. Gezielt verzichten wir daher auf die Darstellung von Gesundheitsthemen. Beachten Sie bitte immer, dass es für viele Lebensbereiche professionelle Ansprechpartner wie Finanzberater, Rechtsanwälte etc. gibt und deren Rat nicht durch ein Kartenlegebuch ersetzt werden soll. Autor und Verlag übernehmen keine Garantie für erfolgreiche Beratungen oder Prognosen unter Bezugnahme auf die Ausführungen dieses Buches. Der verantwortliche Umgang mit Beratungssituationen obliegt jedem Berater oder Kartenleger selbst.

Über den Autor

Ingo Simon ist Diplom-Pädagoge und Heilpraktiker für Psychotherapie. Außerhalb der therapeutischen Arbeit berät er zu verschiedene Lebensthemen mit Hilfe von Kipperkarten. Seine jahrelange Erfahrung mit spiritueller Arbeit bei Rückführungen und Reinkarnationssitzungen, Meditationen und hypnotischen Trancereisen prägen sein persönliches Kartenverständnis und seine Deutungsarbeit. Ingo Simon arbeitet in seiner Praxis neben der Beratung mit Kipperkarten auch mit Hypnose, Zauberwiesentherapie und mit Jenseitskontakten.

DAS GEHEIMNIS DER

KIPPERKARTEN

BAND 2

DAS GROSSE BLATT

Ingo Michael Simon

DAS GEHEIMNIS DER KIPPERKARTEN

BAND 2 – DAS GROSSE BLATT

Impressum

Erstauflage 2010
ISBN: 978-3-8391-3587-7
Herstellung und Verlag: Books on Demand GmbH, Norderstedt
© 2010 - Ingo Michael Simon. Alle Rechte vorbehalten
Kontakt: www.praxissimon.de
Kartenbilder: Spielkartenfabrik Altenburger GmbH, Leipziger Straße 7, 04600 Altenburg

Verwendung der Kartenbilder mit Genehmigung der Spielkartenfabrik
Altenburger GmbH, © 2010 ASS Altenburger

Inhalt

Einleitung

Kartenlegen wie die Profis

Ich freue mich, dass ich Ihnen, liebe Leserinnen und Leser, mit diesem Buch etwas ganz Besonderes anbieten kann: den begehrten *Rundumblick*. Wahrscheinlich möchten alle Kartenleger früher oder später die Geheimnisse des großen Blattes entschlüsseln und wie die Profis beraten, die im Fernsehen oder auf den Hotlines Karten legen. Mit etwas Übung ist das gar nicht so schwer.

Im ersten Band haben Sie bereits die Grundlagen gelernt. Dabei haben Sie die Bedeutungen der Kipperkarten in meiner Auslegung kennen gelernt und vielleicht sogar schon eigene Bedeutungen ergänzt. Die Kombinationsübungen im keltischen Kreuz und vor allem die Neunerlegung sind wichtige Voraussetzungen zur Arbeit mit dem großen Blatt. Sie werden sehen, dass Sie schon in Kürze einen Rundumblick ohne Vorinformationen deuten können.

Wer verrät schon die wirklichen Profivarianten der Deutung?

Ich! Denn es kommt mir darauf an, dass Sie die Karten wirklich professionell deuten können. Hierzu verrate ich Ihnen meine Arbeitsweise. Sicherlich haben Sie schon einmal etwas von den Häusern des Kartenbildes gehört. Wenn Sie den ersten Band Das Geheimnis der Kipperkarten - Ein Kursus im Kartenlegen gelesen haben, wissen Sie bereits, wovon ich spreche. Vielleicht haben Sie aber auch schon einmal in einem anderen Buch oder beim Beobachten eines Kartenlegers gesehen, dass die Arbeit mit Häusern angesprochen wurde. leider dienen die Häuser dann oft als Zusatz oder als interessante Ergänzung. Bei mir stehen sie ganz im Mittelpunkt der Deutung. Auf diese Art und Weise, die ich Ihnen Schritt für Schritt und mit vielen Übungen erkläre, werden oft zwischen weit entfernt liegenden Karten enge Verbindungen hergestellt. Lassen Sie sich einfach einmal auf eine andere Sichtweise ein und werden Sie selbst zum Kartenprofi.

Die Zeiten im großen Blatt

Na ja, Zeitangaben sind zwar relativ zu sehen, dennoch kann eine zeitliche Prognose zu einzelnen Ereignissen und Entwicklungen abgegeben werden. Auch hier überrasche ich vielleicht einige, wenn ich Ihnen sage, dass überall im Kartenbild Vergangenes, Gegenwärtiges und Zukünftiges liegt. Wer bisher dachte, dass links von der Hauptperson nur Vergangenheit liegt und rechts nur Zukunft, wird einen viel intensiveren und ausführlicheren Zugang zu den Zeiten im großen Blatt entdecken. Lesen und üben Sie in aller Ruhe. Es lohnt sich!

Intuition nicht vergessen!

Trotz aller Techniken und Methoden, die Sie in diesem Buch finden: Ihre Intuition zählt nicht weniger. Verlassen Sie sich immer auch auf Ihr Bauchgefühl. Und nun viel Spaß mit den Karten!

Die Einzelbedeutungen der 36 Kipperkarten

Deutungsstichworte:
Ehe, feste Bindung, Pflichten

Gedanken:	*pflichtbewusst*
Bauchgefühle:	*treu*
Verhalten:	*beschützend*

Deutungsstichworte:
Treffen, Verabredung, Vorstellungsgespräch
Gruppe, Festlichkeit, Öffentlichkeit

Gedanken:	*familiär*
Bauchgefühle:	*harmoniebedürftig*
Verhalten:	*offen, kontaktfreudig*

Deutungsstichworte:
Vater, Großvater, Chef, Freund, Ex-Partner
Lernprozess, Reife

Gedanken:	*sorgfältig*
Bauchgefühle:	*einsam*
Verhalten:	*zurückhaltend*

Deutungsstichworte:
Mutter, Großmutter, Chefin, Freundin, Ex-
Partnerin, Lernprozess, Abgrenzung

Gedanken: *sorgfältig*
Bauchgefühle: *einsam*
Verhalten: *zurückhaltend*

Deutungsstichworte:
Nachricht, Brief, sms, E-Mail, Dokument

Gedanken: *kommunikativ*
Bauchgefühle: *oberflächlich*
Verhalten: *aktiv*

Deutungsstichworte:
Lüge, Missgunst, Falschheit, Gefahr

Gedanken: *unehrlich*
Bauchgefühle: *Hass, Wut*
Verhalten: *hinterlistig*

Deutungsstichworte:
Wandel, kurze Reise, Städtereise, 3 Monate

Gedanken: *variabel, anpassungsfähig*
Bauchgefühle: *unruhig aktiv (positiv)*
Verhalten: *aktiv handelnd*

Deutungsstichworte:
Langfristigkeit, Fernreise, 10 Jahre

Gedanken: Fernweh
Bauchgefühle: selbstkritisch
Verhalten: konstruktiv

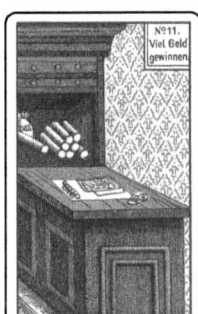

Deutungsstichworte:
Geld, Stabilität, Wohlstand, Bequemlichkeit

Gedanken: besitzorientiert
Bauchgefühle: zufrieden
Verhalten: unflexibel

Deutungsstichworte:
Tochter, Schwester, Freundin, Aktivität
Einnahmensituation, kleine Summen

Gedanken: forschend
Bauchgefühle: gutmütig labil
Verhalten: aktiv und freundlich

Deutungsstichworte:
Sohn, Bruder, Freund, Bank oder Konto,
Bankangestellter

Gedanken: konservativ
Bauchgefühle: wohlwollend
Verhalten: vorsichtig, scheu

Deutungsstichworte:
Schlechte Nachricht, Erkenntnis, Trauer, traurige Person, Schwermut

Gedanken: pessimistisch
Bauchgefühle: traurig
Verhalten: passiv

Deutungsstichworte:
Liebe, Freundschaft, Zuneigung, Besserung

Gedanken: verständnisvoll
Bauchgefühle: verliebt
Verhalten: freundlich, nett

Deutungsstichworte:
Gedanken, Pläne, Absichten, Überlegungen

Gedanken: gebildet, intelligent
Bauchgefühle: introvertiert
Verhalten: höflich und vornehm

Deutungsstichworte:
Geschenk, Talent, Begabung, Kreativität, Wiederholung

Gedanken: naiv, unbekümmert
Bauchgefühle: unvoreingenommen
Verhalten: ehrlich, redlich

Deutungsstichworte:
Kind, Neuanfang, Aufschwung

Gedanken: innovativ
Bauchgefühle: fröhlich, offen
Verhalten: aktiv und konstruktiv

Deutungsstichworte:
Stillstand, Umbruch, Abschluss

Gedanken: entschlossen oder stur
Bauchgefühle: Leere
Verhalten: unbeweglich

Deutungsstichworte:
Sicherheit, Absicherung, Haus, Gebäude,
Stabilität, Schutz

Gedanken: konservativ
Bauchgefühle: zufrieden
Verhalten: verlässlich

Deutungsstichworte:
Wohnung, Familie, 4 Wochen

Gedanken: familiär
Bauchgefühle: harmoniebedürftig
Verhalten: treu

Deutungsstichworte:
Disziplin, Strenge, Ordnung, Behörde

Gedanken:	*rigide*
Bauchgefühle:	*kontrollierte Emotionen*
Verhalten:	*korrekt, anständig*

Deutungsstichworte:
Entscheidung, Urteil, Behörde

Gedanken:	*verurteilend*
Bauchgefühle:	*verdrängend*
Verhalten:	*streng, anklagend*

Deutungsstichworte:
Verlust, Risiko, Fehlschlag, Geheimnis

Gedanken:	*geheime Gedanken*
Bauchgefühle:	*Verlustangst*
Verhalten:	*unberechenbar*

Deutungsstichworte:
Erfolg, Würde, Alter, Ausbildung, Respekt
Und Anerkennung

Gedanken:	*reif und weitsichtig*
Bauchgefühle:	*hoch spirituell*
Verhalten:	*respektvoll*

Deutungsstichworte:
Glück, Erfolg, Minderung schlechter Karten

Gedanken: gute Absichten
Bauchgefühle: glücklich
Verhalten: liebevoll helfend

Deutungsstichworte:
Plötzlichkeit, Überraschung, 2 Wochen

Gedanken: ideenreich
Bauchgefühle: heiter
Verhalten: spontan

Deutungsstichworte:
Sehnsucht, Wünsche, Träume, Hoffnung,
3 Monate

Gedanken: unausgesprochene Gedanken
Bauchgefühle: sehnsüchtig
Verhalten: zurückhaltend, defensiv

Deutungsstichworte:
Blockade, Hindernis, großes Gebäude, Fabrik

Gedanken: blockiert
Bauchgefühle: nicht greifbar
Verhalten: stur, unbeweglich

Deutungsstichworte:
Entscheidung, Amtsperson

Gedanken: entschlossen
Bauchgefühle: verdrängend
Verhalten: unnachgiebig

Deutungsstichworte:
Schwäche, Unzufriedenheit, Krankheit,
Schwierigkeiten

Gedanken: pessimistisch
Bauchgefühle: unwohl, krank
Verhalten: destruktiv, schwach

Deutungsstichworte:
Kummer, Sorgen, Probleme, Schwierigkeiten

Gedanken: ratlos
Bauchgefühle: ängstlich
Verhalten: handlungsunfähig

Deutungsstichworte:
Grübeln, Sorgen, Zukunftsangst

Gedanken: grübelnd, verbissen
Bauchgefühle: ängstlich, unsicher
Verhalten: klagsam

Deutungsstichworte:
Arbeitsstelle, Beruf, Ausbildung, Anstren-
gung, Belastung

Gedanken: realistisch
Bauchgefühle: anstrengend
Verhalten: zupackend

Deutungsstichworte:
Dauerhaftigkeit, Langfristigkeit,
Entwicklungsweg, 2 Jahre

Gedanken: achtsam, vorsichtig
Bauchgefühle: stabiler Zustand
Verhalten: konsequent, ausdauernd

Deutungsstichworte:
Spiritualität, Ausland, Gewässer, Alter

Gedanken: spirituelle Gedankenwelt
Bauchgefühle: intensive Intuition
Verhalten: analytisch oder esoterisch

Das große Blatt (Die große Tafel)

Die Arbeit mit 36 Karten

Das große Blatt muss in seiner Grundidee heute kaum noch erklärt werden. Wer sich mit Kartenlegen beschäftigt, weiß sicherlich, dass aus einer so großen Legung einfach die meisten Informationen abgelesen werden können. Einerseits kann das große Blatt für bestimmte Fragestellungen ausgelegt werden, andererseits kann damit der begehrte *Rundumblick* gemacht werden. So wird das Kartenlegen ohne Vorinformation genannt, wobei aus einer großen Tafel wichtige Informationen herausgelesen werden. Zusätzlich können einzelne Fragen mit Hilfe dieser Legung beantwortet werden. Es genügt also, für einen Klienten ein großes Blatt auszulegen und dann alle Fragen zu beantworten. Ich zeige Ihnen Schritt für Schritt, wie Sie bei einem *Rundumblick* vorgehen können und wie Sie möglichst viele Informationen finden.

Das Auslegen der Karten

Beim großen Blatt gibt es zwei Hauptvarianten des Auslegens. Entweder werden vier Reihen zu jeweils neun Karten gelegt oder vier Reihen zu jeweils acht Karten und eine fünfte verkürzte Reihe, die aus vier Karten besteht. Ich wähle immer die zweite Variante. Nach dem Mischen wird jeweils links oben begonnen und dann von links nach rechts und von oben nach unten die Karten ausgelegt. Merken Sie sich einfach, die Karten so zu legen, wie auch Buchstaben oder Wörter in einem Text geschrieben werden. Bevor wir zur Deutungsarbeit kommen, möchte ich noch auf das Häusersystem eingehen, weil es bei meiner Art des Kartenlegens von zentraler Bedeutung ist.

Die 36 Häuser des großen Blattes

Sie sehen das Legemuster der großen Tafel auf der rechten Seite abgebildet. Entsprechend der Kartenanzahl gibt es 36 verschiedene Plätze auf dem Tisch, die von Karten belegt werden, so genannte Häuser. Jeder einzelne Platz, jede Position hat eine Grundbedeutung. Diese entspricht der Karte, die dort liegen würde, wenn wir ein neues Kartendeck nehmen und ohne zu mischen die Karten hinlegen. Sie liegen dann nach Nummern sortiert von Nr. 1 bis Nr. 36. Das zeigt die Abbildung auf der nächsten Seite. Das erste Haus ist das Haus der männlichen Hauptperson, das siebte Haus ist das Haus der Nachrichten, das vierundzwanzigste Haus ist das Haus der Verluste usw. Die große Abbildung auf der übernächsten Seite zeigt die Häuser des großen Blattes. In jedem Haus ist die Karte abgebildet, die der Bedeutung des Hauses entspricht. Es handelt sich um die numerische Reihenfolge der Karten von 1 bis 36. Jedes Haus hat entsprechend der zugehörigen Karte mehrere Bedeutungen. Das Haus Nr. 18 - Ein kleines Kind kann beispielsweise das Haus für die Frage zu einem Kind sein oder das Haus für eine Frage zu einem Neuanfang.

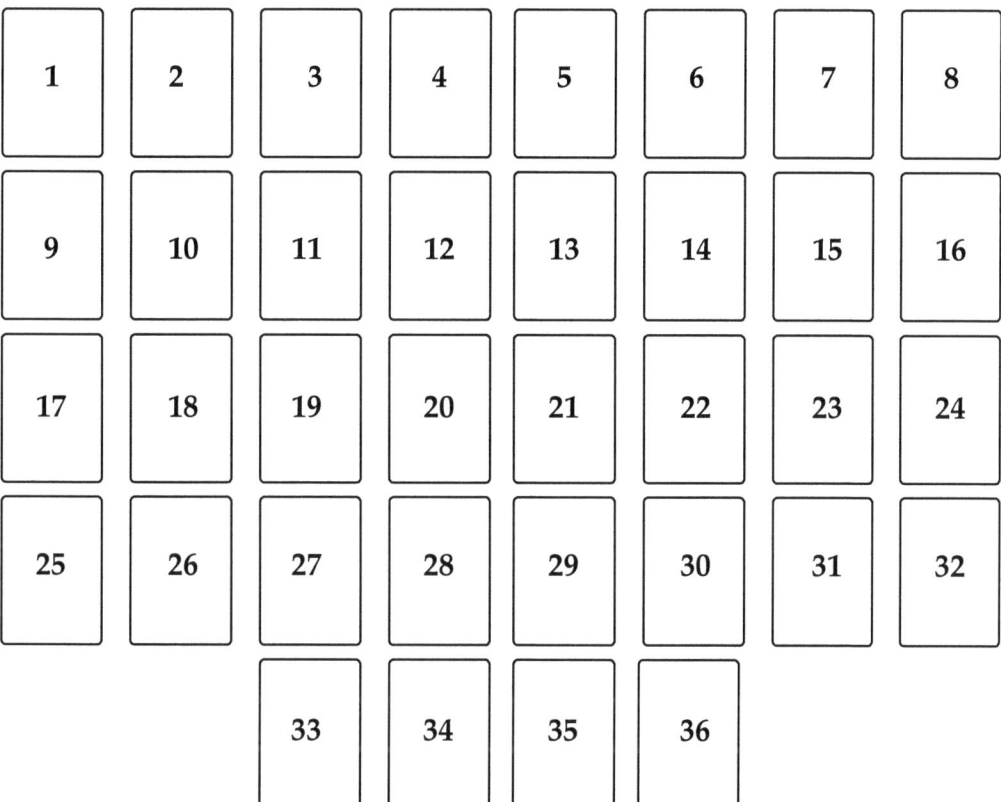

Das erfordert natürlich etwas Flexibilität und Übung, Übung, Übung. Dennoch halte ich es für weniger ergiebig, bestimmte Häuserbezeichnungen auswendig zu lernen, die dann nur ein einziges Thema pro Haus erfassen. Wenn wir über die Häuser des großen Blattes Aussagen suchen, so können wir das entsprechende Haus ansteuern. Wenn Sie die Einzelbedeutungen der 36 Kipperkarten auswendig kennen, ist das nicht mehr so schwer. Nehmen wir einmal das Haus Nr. 12 und fragen, wofür es steht. Entsprechend der Kartenbedeutung finden wir hier die Tochter der fragenden

Person oder eine Schwester. Geht es um die Einnahmen-Ausgaben-Situation, so steuern wir ebenfalls dieses Haus an. Überlegen Sie immer, welche Karte die aktuelle Frage am besten repräsentiert. Das Haus dieser Karte ist das richtige. Nun kommt es darauf an, das Haus auch zu finden, denn es liegt ja meistens eine ganz andere Karte darin. Mit Hilfe dieser Übersicht können Sie schnell das jeweilige Haus erkennen. Mit ein bisschen Übung sehen Sie nicht nur die Karten, die auf dem Tisch liegen, sondern automatisch auch die dahinter liegenden Häuser.

Der Häuserdreisprung in großen Blatt

Zwei Ebenen im großen Blatt

In den meisten Kartenlegebüchern findet man Vorschläge zum Deuten der Karten, die vor allem die Oberfläche nutzen. Es werden also die ausgelegten Karten angeschaut und dann ausgehend von einer Person- oder Themenkarte die umliegenden Karten ausgewertet. Das machen wir erst in einem zweiten Schritt. Denn zusätzlich haben wir ja dadurch Aussagen, dass es die Häuser gibt und bestimmte Karten, die in die Häuser fallen. So kommen wir zu Kombinationen aus Hausbedeutung und Karte. Wir beginnen genau damit und lassen alles weitere zunächst einmal außer Acht. Im ersten Band *Das Geheimnis der Kipperkarten - Ein Kursus im Kartenlegen* haben wir bereits eine Variante der Häuserdeutung im großen Blatt kennen gelernt. Wir gehen nun einige Schritte weiter und kommen zur umfassenden Deutung mit Häusern.

Der Dreisprung zeigt den Zustand

Genauer gesagt zeigt der Häuserdreisprung die Entwicklung der jüngeren Vergangenheit bis in die Gegenwart hinein. Aber zunächst zeige ich Ihnen, wie das geht. Nehmen wir beispielsweise das Thema Arbeit und Beruf. Auf den Seiten 22 und 23 sehen Sie eine Beispiellegung. Das Kartenblatt wurde für einen Klienten gelegt, der berufstätig ist. Um nähere Informationen zum Beruf zu finden, wird meist nach der Berufskarte (Nr. 34 - Arbeit, Beschäftigung) geschaut. Wir gehen

anders vor und sehen uns zunächst einmal das Berufshaus an. Dieses liegt an der vierunddreißigsten Stelle im Kartenblatt, dort wo die Karte Nr. 34 liegen würde, wenn alle Karten des Decks in der Reihenfolge ihrer Nummern ausgelegt würden. Wir sehen dort, was im Haus der Arbeit los ist. Im Haus der Arbeit liegt die Karte Nr. 16. Wir können also davon ausgehen, dass der Klient sich gerade ernsthafte Gedanken über seine berufliche Situation macht. Um noch mehr zu erfahren, blicken wir nun in das Haus Nr. 16, entsprechend der Karte, die im Arbeitshaus liegt. Dort sehen wir die Karte Nr. 13. Offensichtlich macht er sich vor allem Gedanken ums Geld. Wir springen noch einmal weiter und sehen uns das Haus Nr. 13 an, entsprechend der Karte, die wir gerade betrachtet haben. Dort liegt Nr. 19. Der finanzielle Stillstand macht ihm also Sorgen. Wahrscheinlich hat er sich eine Gehaltserhöhung erhofft oder ist einfach mit der derzeitigen Einkommenssituation unzufrieden. Der Dreisprung ist damit zunächst abgeschlossen. Wir haben eine erste Aussage.

Im zweiten Schritt sehen wir uns an, wo die Arbeitskarte liegt. In der Abbildung können Sie erkennen, dass die Karte Nr. 34 in das Haus Nr. 17 gefallen ist. Das ist das Haus der Karte Nr. 17, also der Geschenke oder der Wiederholung. Es steht wohl eine Veränderung an, ein Aufschwung in Form einer Änderung am gleichen Arbeitsplatz. Die Karte Nr. 17

verweist meistens auf eine positive Veränderung der bestehenden Situation. Auch hier springen wir weiter und suchen die Karte Nr. 17. Sie liegt im fünften Haus. Zu diesem Haus gehört die Karte Guter Herr. Die Veränderung kann also einerseits mit einem Lernprozess oder einer notwendigen Weiterbildung verbunden sein, andererseits scheint ein männlicher Vorgesetzter damit zu tun zu haben. Die Karte Nr. 5 liegt im zehnten Haus und damit in der Langfristigkeit oder in der Entfernung. Wir fassen die Aussage zusammen: Eine positive Veränderung im Unternehmen ist in Sicht. Ein männlicher Vorgesetzter wird dies stützen.

Fassen wir die Vorgehensweise noch einmal zusammen:

1. *Betrachten Sie das Haus des Themas und deuten Sie die Bedeutung der darin liegenden Karte in Verbindung mit der Grundbedeutung des Hauses.*
2. *Springen Sie in das Haus, das der Nummer der Karte entspricht, die Sie gerade gedeutet haben und übersetzen Sie dort die Verbindung von Haus und darin liegender Karte.*
3. *Springen Sie noch einmal und zwar in das Haus das der zuletzt betrachteten Karte entspricht.*
4. *Fassen Sie nun alle drei Aussagen zu einer Gesamtaussage zusammen.*
5. *Wiederholen Sie die Schritte 1 - 4, ausgehend von der Lage der Themenkarte.*

Soweit soll der Häusersprung zunächst einmal genügen. Das Ganze kann noch weiter verfolgt werden über mehrere Häusersprünge. Allerdings kann das auch verwirren. Wenn Sie sich bereits mit Kartenlegen oder auch Häuserdeutung befasst haben, wird meine Vorgehensweise vielleicht etwas merkwürdig aussehen. Ich kann Ihnen versichern, liebe Leserinnen und Leser, dass Sie damit viel mehr Informationen finden als wenn Sie „nur" nach den Karten sehen, die auf dem Tisch liegen. Um nun weiteren Aufschluss zu erhalten betrachten wir die Oberfläche der Legung, jeweils in Form einer Neunerlegung innerhalb des Blattes. Die Neunerlegung haben Sie ebenfalls bereits im ersten Band kennen gelernt. Wir erweitern die Deutung des Neunerblockes im nächsten Kapitel. Zunächst jedoch machen wir einige Übungen zum Häuserdreisprung.

Nehmen Sie sich am besten ein Kipperdeck zur Hand und legen Sie das Beispiel des großen Blattes, das auf den nächsten beiden Seiten abgedruckt ist, damit aus. So haben Sie immer die Legung vor Augen und müssen nicht im Buch blättern. Außerdem entwickeln Sie mehr Gefühl für Ihre Kipperkarten, wenn Sie mit richtigen Karten anstatt mit verkleinerten Abbildungen arbeiten.

Häuserdreisprung - Beispiel 1

Frage des Klienten

Ich lebe seit einiger Zeit mit meinen beiden Kindern alleine. Lerne ich noch einmal eine Partnerin kennen?

Erster Dreisprung

Wenn der Klient derzeit keine Partnerin hat und schon länger alleine lebt, steht die weibliche Hauptpersonkarte für die nächste Beziehung. Wir beginnen daher den ersten Dreisprung im Haus der weiblichen Hauptperson (Nr. 2). Dort finden wir die Karte Unverhofftes Geld. Da dies die Karte Nr. 27 ist, schauen wir als nächstes in das entsprechende Haus und finden die Karte Reiches Mädchen (Nr. 12). Mit einem weiteren Sprung in das zwölfte Haus sehen wir Viel Geld gewinnen. Fassen wir das zu einer Aussage zusammen.

Unverhofftes Geld - Reiches Mädchen - Viel Geld gewinnen. Die neue Partnerin (Haus Nr. 2) tritt relativ plötzlich innerhalb von etwa zwei Wochen (Unverhofftes Geld) in das Leben des Klienten. Sie wird jünger sein als er (Reiches Mädchen) und er wird ein sehr angenehmes Gefühl dabei haben (Viel Geld gewinnen).

Zweiter Dreisprung

Wir suchen nun die weibliche Hauptpersonkarte und machen von ihrer Lage aus den nächsten Dreisprung. Sie liegt im Haus Nr. 8 (Falsche Person). Die achte Karte liegt hingegen im vierten haus, also im Haus der Begegnung oder des Treffens (Nr. 4 - Zusammenkunft). Wir suchen anschließend die Zusammenkunft und finden sie im vierzehnten Haus (Traurige Nachricht). Fassen wir erneut die Aussagen zusammen.

Falsche Person - Zusammenkunft – Traurige Nachricht. Die neue Partnerin (Karte Nr. 2 im achten Haus) liegt hier in der Falschheit. Es kann die falsche Wahl sein oder sie startet mit einer Lüge in die Beziehung. In Kombination mit den beiden anderen Häusern kommen wir zu folgender Aussage: Der erste Anschein wird sich nicht bestätigen. Bei einem Treffen wird unser Klient zu der Erkenntnis gelangen, dass er sich getäuscht hat. Es ist noch nicht die richtige Partnerin für ihn. Denken Sie immer daran: Wir geben Hinweise, entscheiden muss er selbst!

Zusammenfassung

Wir können dem Klienten sagen, dass er schon bald eine neue Bekanntschaft machen wird. Er wird sehr angetan sein von dieser jungen, dynamischen Frau und wird sich spontan verlieben. Beim näheren Kennenlernen wird sich der erste Eindruck als Mogelpackung erweisen. Er wird zu der Ansicht kommen, dass es doch nicht die richtige Partnerschaft für ihn sein wird.

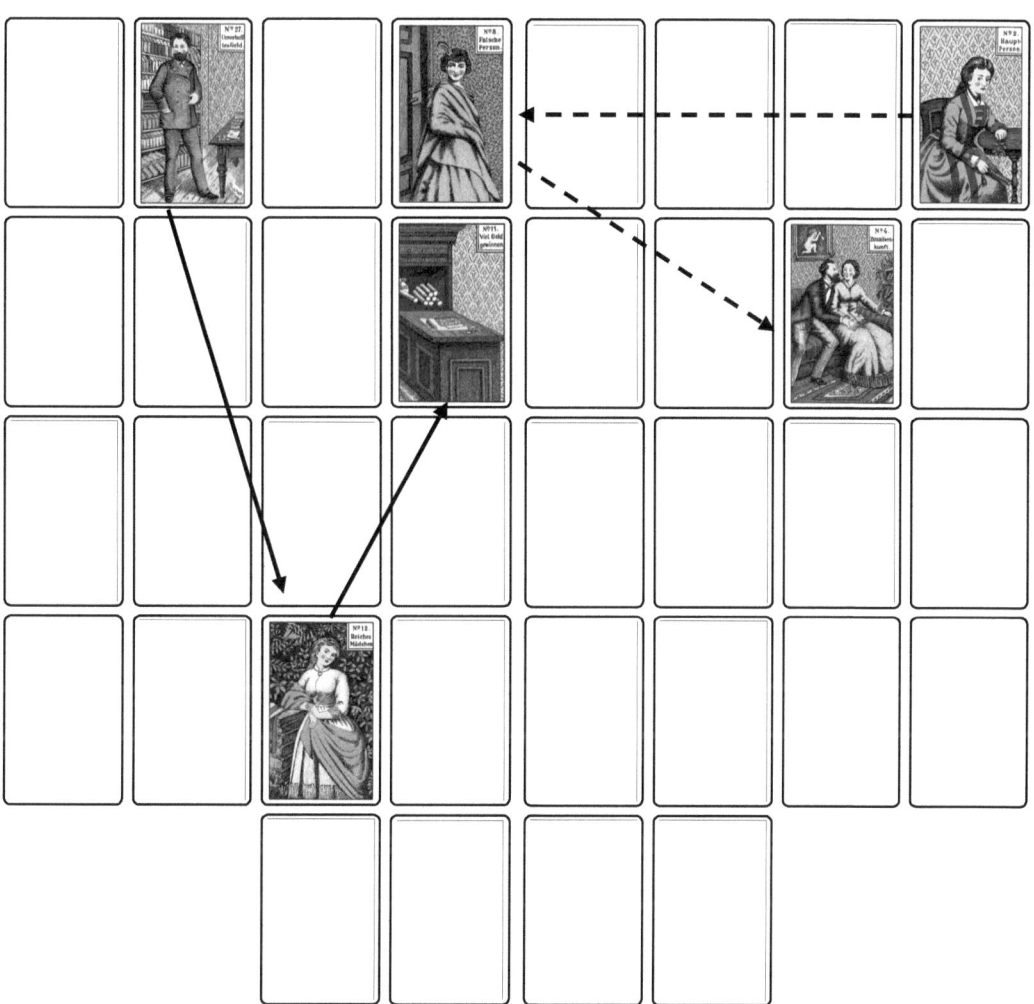

Häuserdreisprung - Beispiel 2

Frage des Klienten
Wie wird sich die Beziehung zu meinem Vater entwickeln?

Erster Dreisprung
Die typische Vaterkarte ist der Gute Herr (Nr. 5). Wir suchen also zunächst einmal das Haus des Vaters. Im fünften Haus liegt die Karte Nr. 17 (Geschenk bekommen). Wir springen weiter zum siebzehnten Haus und finden dort die Karte Arbeit, Beschäftigung. Noch einmal springen wir. Und zwar in das Haus der Karte Nr. 34. dort finden wir Seine Gedanken. Wir fassen die gefundenen Karten zu einer Gesamtaussage zusammen.

Geschenk bekommen - Arbeit, Beschäftigung - Seine Pläne. Es ist gerade eine Wiederholung (Nr. 17) in Sicht oder bereits am Laufen. Was wiederholt sich da? Es geht um Anstrengungen und Belastungen und Pläne der Hauptperson. Übersetzt in eine Gesamtaussage können wir Folgendes anbieten. Es gab wohl schon häufiger Auseinandersetzungen mit dem Vater, die sehr anstrengend waren. Das steht gerade wieder an. Gedanklich beschäftigt das unseren Klienten sehr stark. Bei den Differenzen geht es auch um berufliche Themen.

Zweiter Dreisprung
Weitere Hinweise erhalten wir natürlich durch den zweiten Dreisprung. Wir betrachten hierzu die Lage der Vaterkarte.

Der Gute Herr fällt in das zehnte Haus. Da hier der Platz der großen Reisekarte ist, geht es um Langfristigkeit oder um eine Reise. Wir suchen weiter. Wo liegt die große Reisekarte (Nr. 10)? Wir finden sie im sechsten Haus (Gute Dame). Beim dritten Sprung halten wir nach der Guten Dame Ausschau und sehen, dass sie im dritten Haus (Ehestandskarte) liegt. Versuchen wir wieder, eine Aussage daraus zu formulieren.

Eine Reise - Gute Dame - Ehestandskarte. Hier kommen also Vater und Mutter vor. Zweierlei können wir zu beiden festhalten. Zunächst einmal liegt mit der großen Reisekarte die langfristige Bindung zwischen beiden, ergänzt durch die Ehestandskarte. Wir können davon ausgehen, dass beide sich in ihren Ansichten sehr zur Seite stehen. Unser Klient wird sich also mit beiden konfrontieren müssen. Außerdem liegt mit der Reise auch ein Besuch im Kartenbild.

Zusammenfassung
Die Spannungen, die schon länger bestehen, werden andauern. Der Vater erweist sich als sehr anstrengend im Kontakt. Es kommt hinzu, dass die Mutter ihn in seiner Position unterstützt. Es gab auch Differenzen in beruflichen Dingen. Der Klient muss mit einem Besuch der beiden rechnen, wobei es zur Konfrontation kommt.

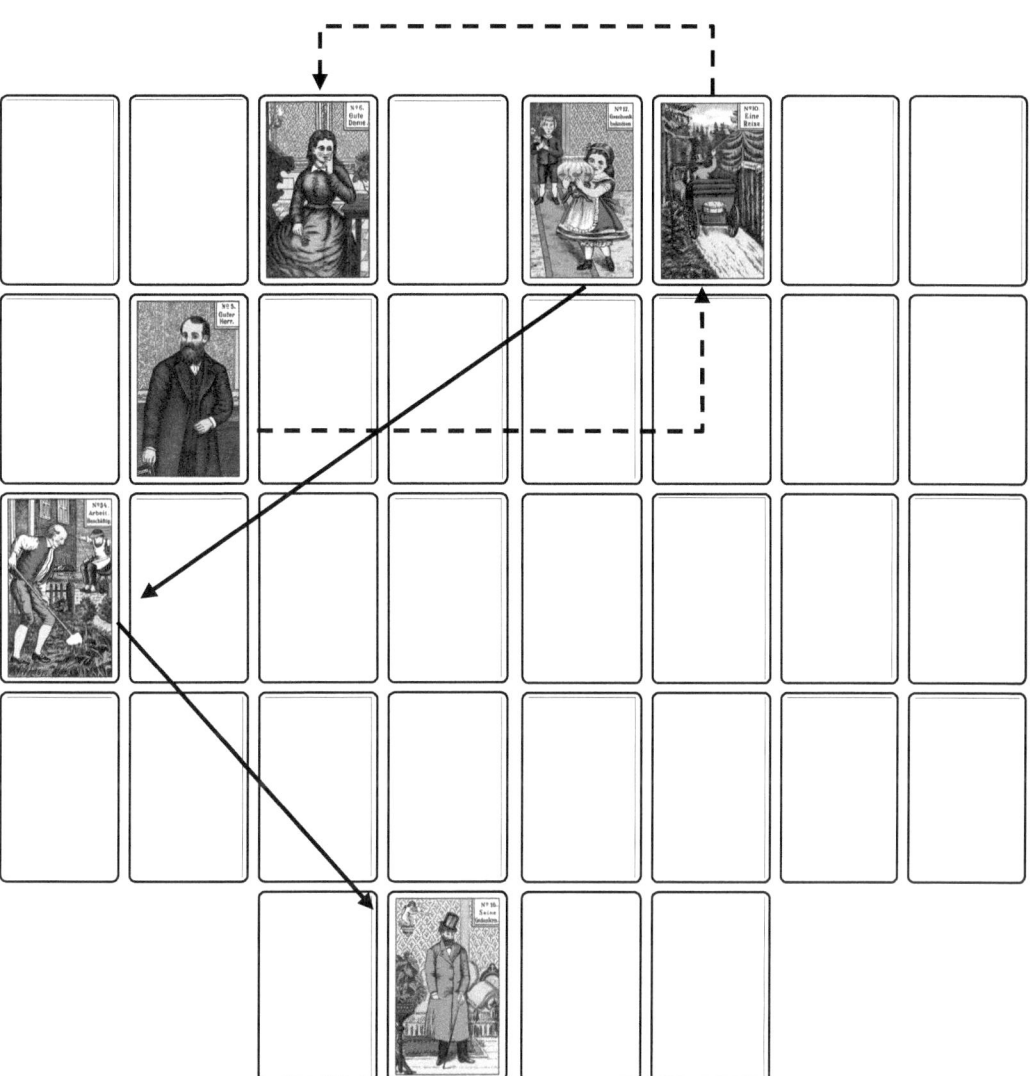

Der Neunerblock im großen Blatt

Wiederholung zur Neunerlegung

Bei der Neunerlegung, die wir im ersten Band als kleines Legungssystem besprochen haben, werden neun Karten in drei Reihen ausgelegt. Beim großen Blatt legen wir von Anfang an alle Karten in der bereits beschriebenen Art und Weise aus. Betrachten wir ein bestimmtes Thema, so können wir innerhalb des großen Bildes einen Neunerblock rund um die entsprechende Themenkarte deuten. Die Themenkarte ist jeweils diejenige, die die Fragestellung am ehesten repräsentiert. Bei beruflichen Fragen ist es die Karte Nr. 34, bei Fragen zur Urlaubsreise ist es die Karte Nr. 10 und bei Fragen zum Studium die Nr. 25. Für alle Fragen und Themen findet sich eine geeignete Karte. Sollten Sie sich einmal nicht sicher sein, handeln Sie nach Gefühl. Das ist am treffsichersten!

Bei der Neunerlegung haben wir dann ausgehend von der Themenkarte, die in der Mitte liegt, die senkrechten Linien von links nach rechts als Vergangenheit (2-5-7), Gegenwart (3-8) und Zukunft (4-6-9) gedeutet. Anschließend haben wir die waagerechten Kartenreihen für den Verlauf der Ereignisse zu drei Aussagen (2-3-4; 5-6; 7-8-9) zusammengefasst. Als Ergänzung können die Diagonalen (2-9 und 7-4) ebenfalls einbezogen werden und als Einfluss des Vergangenen auf die Gegenwart und Zukunft gedeutet werden. Innerhalb des großen Blattes können wir mit jedem verfügbaren Neunerblock

genauso vorgehen. Die jeweilige Themenkarte bestimmen wir als Mittelpunkt und deuten die acht Karten, die um diese gelegt wurden. Diese Vorgehensweise verstehe ich nicht als Alternative zum Häuserdreisprung, sondern es handelt sich um den nächsten Schritt der Deutung, um weitere Informationen zu erhalten.

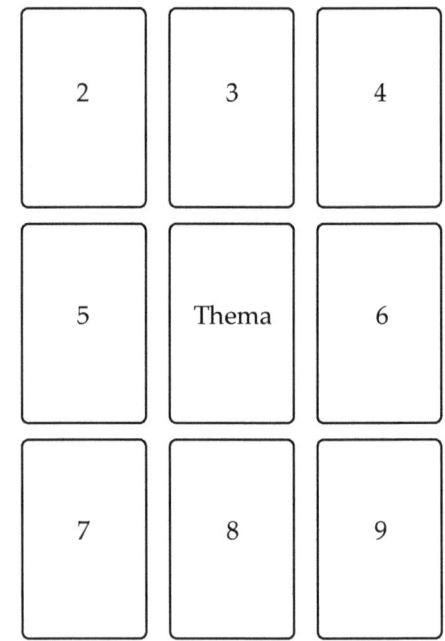

An den Rändern des großen Blattes und an den Ecken stehen uns jeweils nur unvollständige Neunerblöcke zur Verfügung. Wir arbeiten dann mit den jeweiligen Ausschnitten, die wir dort vorfinden. In Kombination mit den Dreisprüngen erhalten wir genug Informationen.

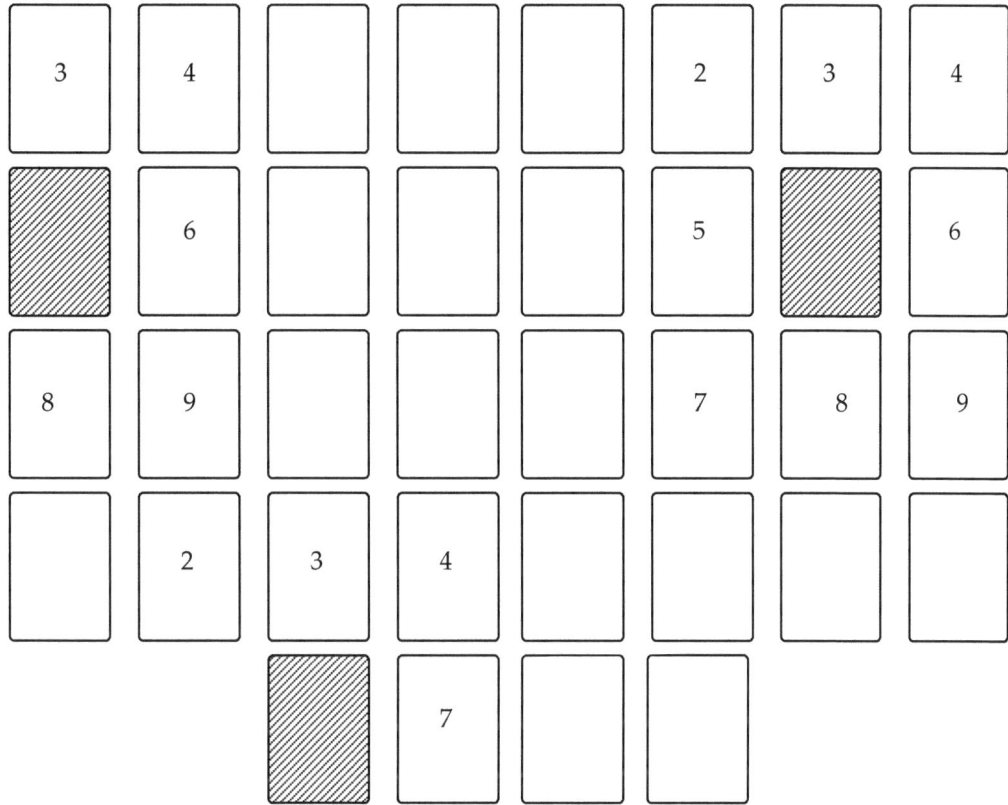

In der Abbildung sehen Sie einige Varianten des Neunerblocks. Die schraffierten Karten stehen in der schematischen Darstellung jeweils für Themenkarten, die nummerierten Karten drum herum markieren den Neunerblock bzw. den Ausschnitt davon. Wir haben also auf jeden fall mehrere Karten zur Verfügung und können von jeder Kartenposition aus einen „Neunerblock" bilden. Hat er weniger als neun Karten, so deuten wir den vorhandenen Ausschnitt. Für den Neunerblock im unteren Bereich des großen Blattes (Haus 33) finden wir beispielsweise eine Karte für die Vergangenheit (2), eine für die Gegenwart (3) und zwei für die Zukunft (4-7). Im Beispiel oben links liegt die Themenkarte auf der Position Nr. 9. Für die Vergangenheit des Themas finden wir im verkürzten Neunerblock keine Hinweise. Für die Gegenwart finden wir zwei Karten (3-8) und für die Zukunft sogar drei (4-6-9). Im Beispiel rechts oben finden wir die Themenkarte auf der Position Nr. 15 und einen vollständigen Neunerblock. Wie beim Dreisprung haben wir zwei Varianten. Wir können den Neunerblock um das Themenhaus betrachten und den Neunerblock um die Themenkarte.

Der Neunerblock - Beispiel Beziehung

Das Beziehungshaus

Das Haus der partnerschaftlichen Beziehung finden wir an dritter Position (Haus der Ehestandskarte). Wir bleiben bei unserer Beispiellegung. Wir wissen bereits, dass der Klient seit einigen Jahren ohne feste Partnerschaft lebt. Über die Häuser und Karten der weiblichen Hauptperson und der Liebe finden wir natürlich auch Hinweise. Wenn wir ganz unvoreingenommen auf das Beziehungsleben schauen, blicken wir zunächst einmal in das dritte Haus. Den entsprechenden Ausschnitt aus dem großen Blatt sehen Sie auf dieserSeite unten.

Erster Neunerblock

Zunächst betrachten wir den Block rund um das Beziehungshaus. Wir haben es hier mit einem verkürzten Neunerblock zu tun. Für die Vergangenheit finden wir die Karten Unverhofftes Geld und Guter Herr. Das Ende der Beziehung ist also sehr plötzlich und unerwartet gekommen. Gegenwärtig fühlt er sich einsam (Gute Dame) und zieht sich ins Haus zurück (Wohnzimmer). Er geht zu wenig nach draußen. In der Zukunft sehen wir eine falsche Zufriedenheit (Falsche Person - Viel Geld gewinnen). Wir wissen bereits, dass der nächste Flirt nicht halten wird, was er zunächst verspricht.

Zweiter Neunerblock

In der Vergangenheit sehen wir eine stabile und zufriedene Beziehung, die im Laufe der Zeit schwieriger geworden ist (11-15-32). Gegenwärtig sehen wir Stillstand (19) und die feste Bindung (29). Der Klient ist wohl noch verheiratet, wenn er auch getrennt lebt. Als Zukunftstendenz finden wir Veränderungen, die eine gewisse Ordnung herstellen.

Es geht auch um Entscheidungen, die schon getroffen wurden. In der Kombination (22-30) können wir davon ausgehen, dass sich der Klient bald scheiden lassen möchte. Wir sehen hier, dass einer neuen langfristigen Bindung also auch die noch bestehende Ehe im Wege steht.

Jedes Thema kann neben zwei Dreisprüngen auch über zwei Neunerblöcke gedeutet werden.

Die Zeiten im großen Blatt

Keine Einteilung des großen Blattes

Häufig wird in Büchern zum Kartenlegen eine einfache Einteilung des großen Blattes vorgenommen, wobei die Hauptpersonkarte als Gegenwartspunkt dient. Links davon wird die Vergangenheit und rechts davon die Zukunft angenommen. Möglicherweise erwarten einige Leser eine solche Vorgehensweise, nur deshalb erwähne ich diese Methode der Einteilung überhaupt. Ich gehe einen anderen Weg und zeige Ihnen in diesem Buch, wie ich die Zeittendenzen ermittle. Grundsätzlich liegen überall im Kartenbild Vergangenheit, Gegenwart und Zukunft. Stellen Sie sich einmal vor, die Hauptpersonkarte würde an den rechten Rand des großen Blattes fallen. Wir hätten keine Zukunft im Kartenbild, wenn wir von den oben beschriebenen Annahmen ausgehen.

Im großen Blatt liegen zahlreiche Themen. Von jedem Thema ausgehend, das wir über die Häuser und über die typischen Themenkarten finden, können wir Zeittendenzen ermitteln. Denken Sie immer daran, dass Zeiten relativ sind. Aktivität und Engagement sind von jedem Menschen gefordert, damit sich sein Schicksal und seine Möglichkeiten auch entfalten können. Deuten wir ein bestimmtes Thema, beispielsweise die berufliche Entwicklung, so erhalten wir zunächst Hinweise auf die aktuelle Entwicklung durch den Häuserdreisprung. Die Lage der Berufskarte (Nr. 34) zeigt uns

schließlich die Gegenwart. Von dort aus bestimmen wir den zeitlichen Verlauf. Hierzu gibt es zwei Wege, die wir beide benutzen, die Zeitangaben des Neunerblocks und die waagerechte Reihe von der Themenkarte ausgehend.

Zeiten im Neunerblock

Die Neunerlegung haben wir als Trendlegung für einen Zeitraum von etwa drei Monaten kennen gelernt. Das bleibt auch im großen Blatt so. Wir finden also in jedem Neunerblock Hinweise für die zukünftige Entwicklung der nächsten drei Monate. Diese kann nun durch Zeitkarten ergänzt werden. Liegt eine Zeitkarte im Bereich der Gegenwart oder der Zukunft innerhalb der neun Karten, so wird diese der Zeit von drei Monaten hinzu gerechnet. Wir haben dann die Zeitspanne innerhalb derer die gedeuteten Ereignisse passieren werden.

Der waagerechte Zeitstrahl

Weitere Hinweise zur zukünftigen Entwicklung finden wir, wenn wir von der jeweiligen Themenkarte aus nach rechts die Karten in der waagerechten Reihe betrachten. Jede einzelne Karte gilt dabei für einen Zeitraum von ungefähr einem Monat. Die Themenkarte wird als erste Karte gezählt. So erhalten wir den Trend der nächsten Monate. Auch hierbei werden Zeitkarten anschließend addiert. Sie können die Zeit also strecken, manchmal sogar über Jahre hinweg.

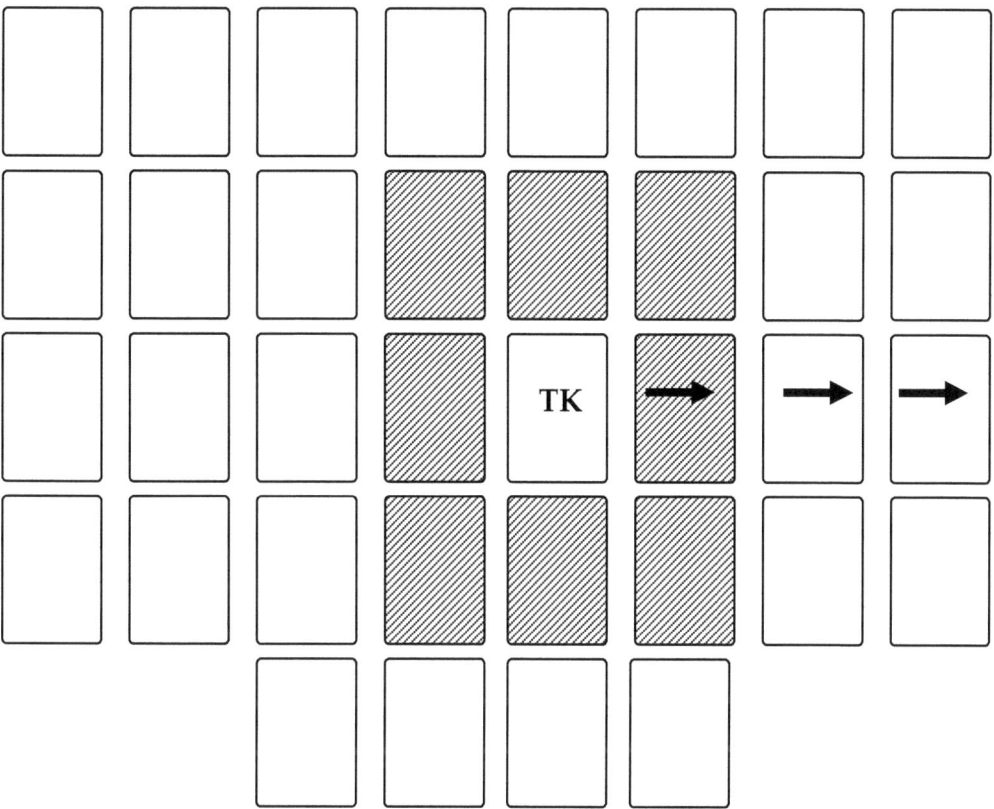

Nehmen wir noch einmal das Thema Beziehung aus unserer Beispiellegung. Die
Lage der Themenkarte (Ehestandskarte)
habe ich mit dem Kürzel TK markiert. Die
schraffierten Karten zeigen den Neunerblock. Die nach rechts zeigenden Pfeile
deuten die Zukunftstendenz der Entwicklung an. Wir hatten ja schon gesehen, dass
die Frau, die unser Klient kennen gelernt
hat, sich als unpassend erweisen wird. Es
wird nicht zu einer Beziehung kommen.
Hier finden wir nun Aussagen zur nächsten passenden und damit langfristigen
Beziehung.

Beachten Sie noch einmal, dass der Neunerblock für drei Monate plus Zeitkarten
im Gegenwarts- und Zukunftsbereich des
Blockes gilt. Gleichzeitig beginnen wir bei
der Themenkarte nach rechts gehend und
finden drei weitere Karten bis zum Rand
des großen Blattes. Diese insgesamt vier
Karten zeigen also den Zeitraum von vier
Monaten an. Auch hierbei müssen die
Zeitkarten zu diesem Zeitraum hinzu gerechnet werden. Auf der nächsten Seite
finden Sie die Deutung des Themas Beziehung mit Zeitaussagen.

Der Neunerblock

Wir haben die Deutung bereits vorgenommen. Es genügt also zunächst eine kurze Wiederholung. In der Vergangenheit sehen wir eine stabile und zufriedene Beziehung, die im Laufe der Zeit schwieriger geworden ist (11-15-32). Gegenwärtig sehen wir Stillstand (19) und die feste Bindung (29). Der Klient ist noch verheiratet, wenn er auch getrennt lebt. Als Zukunftstendenz finden wir Veränderungen, die eine gewisse Ordnung herstellen. In der Kombination (22-30) können wir davon ausgehen, dass sich der Klient bald scheiden lassen möchte.

Wenn wir uns in diesem Block umsehen, finden wir eine Zeitkarte. Es handelt sich um die Karte Nr. 9 - Eine Veränderung, die den Zeitraum von drei Monaten anzeigt. Die drei senkrechten Kartenreihen stehen ja für Vergangenheit, Gegenwart und Zukunft. Liegen in der mittleren oder rechten senkrechten Reihe Zeitkarten, so werden diese der Zukunftstendenz hinzu gerechnet. Grundsätzlich gilt der Block für drei Monate. Drei weitere kommen hinzu. Sodass die anstehende Scheidung innerhalb der nächsten drei bis sechs Monate angegangen wird.

Zeiten der waagerechten Reihe

Gehen wir nun von der Themenkarte aus. Sie liegt in der Mitte des Neunerblocks. Ungeachtet der Zeiten, die wir in ihm finden, deuten wir die Zeiten der waagerechten Reihe. Zunächst aber betrachten wir die inhaltliche Aussage der Kartenreihe. Das haben wir bisher noch nicht getan. Damit erweitern wir die Deutung um

ein zusätzliches Element neben der Häuserdeutung über den Dreisprung und die Deutung des Neunerblocks. Bei der Arbeit mit dem großen Blatt sind immer diese drei Schritte wichtig. Wir kommen beim *Rundumblick* darauf zurück, nachdem wir alle Deutungsschritte einzeln besprochen haben.

Ehestandskarte - Militärperson - Ein langer Weg - Die Hoffnung, Großes Wasser. Mit der Kombination aus Ehestandskarte und Militärperson kündigt sich eine gewisse Ordnung an. Nehmen wir die nächste Karte hinzu, scheint es um eine langfristige Ordnung zu gehen. Etwas altmodisch ausgedrückt könnten wir sagen, dass der Klient wieder in geregelte Verhältnisse übergeht. Die letzte Karte der Reihe zeigt die Erfüllung. Der langfristige Weg führt also doch zu einer erfüllenden Beziehung. Wann aber wird es soweit sein? Wir wissen ja, dass zunächst einmal die Scheidung ansteht, was innerhalb des nächsten halben Jahres erledigt wird. Außerdem konnten wir bereits sagen, dass der aktuelle Flirt nicht die bleibende Partnerin ist. Vier Karten zeigen uns hier einen Zeitraum von mindestens vier Monaten an. Zusätzlich finden wir mit der Karte Ein langer Weg eine große Zeitkarte. Sie zeigt den Zeitraum von bis zu zwei Jahren an. Bis zur wirklich passenden Partnerschaft wird also mit einem Zeitraum von bis zu 28 Monaten zu rechnen sein. Auch hier ist Aktivität unseres zurückgezogenen Klienten gefordert. Aus der Kommodenschublade wird die passende Partnerin wohl nicht hüpfen.

Die Zeitkarten im Überblick

Plötzlich, innerhalb von zwei Wochen

24 Stunden bis 4 Wochen

3 Monate

3 Monate

2 Jahre

10 Jahre

Der Rundumblick

Schritt für Schritt

Vier wichtige Elemente der Deutungsarbeit haben wir bereits besprochen. Zunächst einmal haben wir den Häuserdreisprung, dann die Deutung des Neunerblockes und anschließend die Deutung der waagerechten Zukunftsreihe. Dabei gibt es immer mehrere Zukunftsreihen, nämlich von jeder Themenkarte ausgehend und natürlich auch von der Hauptpersonkarte aus. Als viertes Element haben wir die zeitlichen Vorhersagen besprochen. Bei der Legung eines großen Blattes kombinieren wir alle Varianten miteinander bzw. gehen sie nacheinander durch.

Der *Rundumblick* als Legung ohne oder mit nur sehr wenigen Vorinformationen ist das Ziel der meisten Menschen, die mit dem Kartenlegen beginnen oder sich schon länger damit beschäftigen. Ich zeige Ihnen in diesem Kapitel, wie Sie vorgehen können, um einen solchen *Rundumblick* zu legen. Wie der Name schon sagt, wird in die wichtigsten Lebensbereiche hineingeschaut. Sie haben ja bereits gesehen, wie viele Informationen wir über die Dreisprungmethode aus einem großen Blatt herauslesen können. Wir machen dabei immer den doppelten Dreisprung, zunächst vom Themenhaus ausgehend, dann von der Themenkarte aus. Ebenso gehen wir beim Neunerblock vor. Das machen wir dann mit den zentralen Lebensthemen. So entsteht ein detaillier-

ter *Rundumblick*, der sehr viele Einzelheiten zu Tage fördert.

Fassen wir die Vorgehensweise noch einmal zusammen:

1. *Betrachten Sie das Haus des Themas und deuten Sie die Bedeutung der darin liegenden Karte in Verbindung mit der Grundbedeutung des Hauses.*
2. *Springen Sie in das Haus, das der Nummer der Karte entspricht, die Sie gerade gedeutet haben und übersetzen Sie dort die Verbindung von Haus und darin liegender Karte.*
3. *Springen Sie noch einmal und zwar in das Haus das der zuletzt betrachteten Karte entspricht.*
4. *Fassen Sie nun alle drei Aussagen zu einer Gesamtaussage zusammen.*
5. *Wiederholen Sie die Schritte 1 - 4, ausgehend von der Lage der Themenkarte.*
6. *Betrachten Sie nun den Neunerblock rund um das Themenhaus und deuten Sie die Aussagen.*
7. *Deuten Sie nun den Neunerblock rund um die Themenkarte und schätzen Sie Zeittrends ein.*
8. *Schätzen Sie ausgehend von der Themenkarte nach rechts gehend die weitere Zukunft ein und machen Sie Zeitangaben.*

Mit etwas Übung geht das immer schneller und führt zu flüssigen, raschen Aussagen! Arbeit, die sich lohnt!

Nun erkläre ich Ihnen, in welcher Weise Sie dabei inhaltlich vorgehen können. Hierzu machen wir zehn große Schritte. Jeder einzelne Schritt wird nach den beschriebenen Methoden mit Aussagen gefüllt.

Schritt 1: Hauptperson

Wir beginnen im Haus der jeweiligen Hauptperson und machen einen Dreisprung. Anschließend springen wir noch einmal, ausgehend von der Lage der Hauptpersonkarte. So erhalten wir die ersten Aussagen zur Ist-Situation. Wir erkennen, welches Thema das bedeutendste ist. Vom Haus der Hauptperson aus betrachten wir Vergangenheit und Zukunft im Neunerblock. Anschließend deuten wir den Neunerblock rund um die Hauptpersonkarte sowie die waagerecht Reihe nach rechts für die Zukunft und erhalten Hinweise auf alte Verstrickungen und kommende Ereignisse der nächsten Monate. Außerdem können wir zur Hauptperson und allen weiteren relevanten Personen Eigenschaften ablesen. Das tun wir im Neunerblock rund um die jeweilige Personkarte. Die Karten oberhalb zeigen die Eigenschaften der bewussten Gedanken, die Karten links und rechts die Bauchgefühle, und die drei Karten unterhalb bilden die Charaktereigenschaften des Verhaltens der Person ab.

Schritt 2: Liebe und Beziehung

Wir benötigen für dieses Thema die Häuser des jeweiligen Partners, um seine oder ihre Lebenslage einzuschätzen. Die Hinweise, die wir dort finden, haben nicht unbedingt mit der Liebe zu tun, geben aber wichtige Informationen darüber, womit der Partner oder die Partnerin gerade beschäftigt ist. Außerdem sehen wir nach den Häusern Nr. 3 und Nr. 4. Die Kombination der darin liegenden Karten zeigt uns, wie dauerhaft die Beziehung ist. Außerdem kommt es auf das Haus der Liebe (Nr. 15) an. Wir machen den Dreisprung und fassen die Aussagen zusammen. Immer wieder gilt, dass auch die Karten, die den jeweiligen Häusern entsprechen, gesucht werden und ebenfalls mit einem Dreisprung gedeutet werden. Denken Sie immer daran, anschließend die Neunerblöcke zu betrachten.

Schritt 3: Familie und Verwandte

Die aktuellen Vorgänge und Themen der Familie finden wir zunächst einmal zentral im Kartenbild. Der Viererblock der Häuser Nr. 12-13-20-21 zeigt allgemein durch die darin liegenden Karten bzw. deren Kombination die Grundsituation. Hier benötigen wir noch keinen Dreisprung, sondern schätzen die Situation auf der Oberfläche des großen Blattes ein. Dann gehen wir weiter in die Tiefe. Der Dreisprung von der Karte Nr. 21 - Wohnzimmer aus zeigt die Vorgänge in der engeren Familie, also alle betreffend, die unter einem Dach leben. Von Haus Nr. 20 – Haus ausgehend erhalten wir dann Aussagen zur Verwandtschaft. Damit meine ich alle, die zur Familie gehören, jedoch nicht mit der fragenden Person in einer Wohnung leben. Betrachten wir anschließend die Oberfläche des großen Blattes, also einfach die Kartenanordnung auf dem Tisch, so können wir davon ausgehen, dass Personkarten, die an eine der Karten Haus oder Wohnzimmer angrenzen, Familienangehörige sind. Ausgehend von ihren Positionen deuten wir die Themen, die mit diesen Personen verbunden sind.

Schritt 4: Beruf, Arbeit, Ausbildung

Bei diesem Thema kommt es vor allem auf das Haus Nr. 34 an. Die Vorgehensweise bleibt immer gleich: Dreisprung vom Haus aus, Berufskarte suchen und noch einmal den Dreisprung machen, Neunerblock um das Berufshaus und Neunerblock um die Berufskarte deuten, Zukunftstendenzen von der Berufskarte nach rechts deuten. Das gilt für alle Themen und Fragen, ausgehend von den entsprechenden Häusern.

Schritt 5: Finanzen

Das liebe Geld darf nicht fehlen. Entscheidend sind die Häuser Nr. 11 für die finanzielle Lage insgesamt, Nr. 12 für die Einnahmen-Ausgaben-Bilanz und Nr. 13 für Geldanlagen, Sparbücher etc.

Schritt 6: Wünsche

Wünsche und Sehnsüchte der fragenden Person stehen im Haus Nr. 28 und werden aus der Lage der Karte Nr. 28 - Erwartung erkannt.

Schritt 7: Aufpassen!

Das Haus Nr. 8 der falschen Person zeigt, wo gefahren drohen. Das muss nicht unbedingt mit Personen zusammenhängen. Achten Sie immer darauf, welche Karte

dort liegt und wo die Karte Nr. 8 selbst liegt. Hier lesen wir Warnungen ab. Personkarten, die an die Karte Nr. 8 angrenzen symbolisieren immer Menschen, die nicht ehrlich sind oder etwas im Schilde führen. Man sollte sich vor ihnen in acht nehmen. Natürlich müssen es keine schlechten Menschen sein. Aber ihr Tun ist nicht wohlwollend.

Schritt 8: Verluste

Auch hier sind wir in der Abteilung der Warnungen. Denken Sie immer daran, dass vieles in unserem Leben beeinflussbar ist und es zu unseren Lernaufgaben gehört, Herausforderungen anzunehmen, um etwas aus ihnen zu lernen. Im Haus Nr. 24 erkennen wir, ob Verluste anstehen, ebenso durch die Lage der Karte Nr. 24 - Diebstahl.

Schritt 9: Überraschungen

Alles plötzlich Eintretende liegt im Haus Nr. 27 - Unverhofftes Geld. Über dieses Haus und über die Lage der entsprechenden Karte sehen wir, ob Überraschungen anstehen und wie sie sich auswirken.

Schritt 10: Wichtige Kombinationen

Im Kartenbild auf dem Tisch liegen Kartenansammlungen, die weitere wichtige Hinweise geben können. Es ist etwas Übung und Erfahrung notwendig, um sie auf einen Blick zu erkennen. Wenn wir solche Ansammlungen oder Kombinationen finden, beziehen wir diese Informationen in die Deutung mit ein. Es bleibt Ihnen überlassen, liebe Leserinnen und Leser, ob Sie nun noch zur Gesundheit Aussagen treffen. In diesem Buch verzichte ich auf die Deutung der Gesundheitsfragen.

Spezielle Fragen

Anschließend können wir einzelne Fragen beantworten. Auch dabei gehen wir immer von dem Haus aus, das am ehesten dem Frageinhalt entspricht und deuten über einen Dreisprung. Wenn Ihnen das am Anfang etwas zu kompliziert erscheint, können Sie auch nur über Dreisprünge oder nur an der Oberfläche des Kartenbildes deuten. Ich möchte Sie jedoch ermuntern, beide Ebenen von Anfang an einzubeziehen. Sie erhalten so sehr viel mehr Informationen. Die Übung kommt mit der Häufigkeit des Kartenlegens. Üben Sie am besten so viel es geht. Beginnen Sie einfach mit Legungen für Freunde oder für Menschen, deren Lebensumstände Sie gut kennen. So können Sie Aussagen am einfachsten überprüfen. Nehmen Sie sich immer ein zweites Kartendeck zur Hand. Manchmal finden Sie vielleicht zu einer Frage nur wenige Informationen oder die Frage ist so speziell, weil sie sich vielleicht auf einen Großneffen bezieht und Sie keine Personkarte zuordnen können. Scheuen Sie sich nicht davor, dann ein keltisches Kreuz für die Frage zusätzlich auszulegen. Ich tue das häufig, einfach um den Verlauf einer Angelegenheit noch genauer fassen zu kön-

nen. Es kommt nicht darauf an, alle Fragen aus dem großen Blatt heraus beantworten zu können, sondern eine möglichst gute Beratung hinzubekommen.

Eine sehr interessante Übung besteht darin, für alle Fragen, die sie mit einem großen Blatt beantworten können, zusätzlich ein keltisches Kreuz auszulegen. Sie werden sehr schnell feststellen, dass die Aussagen sich decken bzw. sich stimmig ergänzen. Wenn Sie im großen Blatt sehen, dass zwei zerstrittene Menschen wieder zusammen finden, wird sich das Gleiche auch im keltischen Kreuz zeigen. Darauf können Sie sich verlassen!

Es gibt einige Möglichkeiten, das große Blatt zu deuten und zusätzlich auf Eckkarten, Schicksalswege und vieles mehr zu schauen. Die vorgestellte Methode liefert bereits so viele Aussagen, dass es kaum erforderlich ist, noch weitere Techniken anzuwenden. Mit der Zeit entwickeln Sie Ihre eigene Art, auf die Karten zu schauen und diese zu deuten. Verlassen Sie sich auf Ihr Gefühl, wenn Sie Ideen haben, wie Sie vorgehen sollten.

Im nächsten Kapitel besprechen wir ausführlich eine Beispiellegung des großen Blattes als Rundumblick.

Der Rundumblick - Deutungsbeispiel

Und los geht's

Auf der übernächsten Seite finden Sie eine Beispiellegung eines großen Blattes, das wir ausführlich besprechen. Legen Sie am besten die Karten entsprechend der Abbildung auf dem Tisch aus und deuten Sie dann das Kartenbild. Nehmen Sie sich einen Block zur Hand und schreiben Sie sich die zehn Schritte der Deutung des großen Blattes als Überschriften auf. Machen Sie dann jeweils die Häuserdreisprünge und betrachten Sie die Neunerblöcke. Notieren Sie Ihre Deutungen und Aussagen stichwortartig und vergleichen Sie dann Schritt für Schritt Ihre Aussagen mit meinen Deutungsvorschlägen. Hier noch einmal die zehn Schritte des Rundumblicks:

1. *Hauptperson*
2. *Partner/in und Beziehung*
3. *Familie*
4. *Beruf*
5. *Finanzen*
6. *Wünsche*
7. *Vorsicht! Aufpassen!*
8. *Verluste, Risiken!*
9. *Überraschungen!*
10. *Kombinationen*

Gehen Sie zunächst immer nach diesem Schema vor. So decken Sie alle wichtigen Bereiche ab. Mit etwas Übung werden Sie dann schneller und routinierter und können die Reihenfolge ändern, wenn Ihnen etwas Wichtiges gleich ins Auge sticht.

Vorinformation

Das große Blatt wurde für eine Klientin gelegt, die 42 Jahre alt ist und in einer festen Partnerschaft lebt. Sie hat eine Tochter im Schulalter.

So erläutere ich das Beispiel

Beginnen Sie vorab mit der Charakteranalyse der Hauptperson. So erfahren Sie schon einiges über Ihre Klientin und können die weiteren Aussagen besser verstehen. Gehen Sie dann Schritt für Schritt vor, wie in der linken Spalte aufgelistet. So kommen Sie zu einem umfassenden Rundumblick. Versuchen Sie es zunächst einmal eigenständig und vergleichen Sie dann Ihre Ergebnisse mit meinen Vorschlägen. Um Ihnen das Verständnis für die Dreisprünge und die Neunerblockdeutung noch einmal näher zu bringen, habe ich die ersten beiden Schritte, Hauptpersondeutung und Beziehungsdeutung, mit Bildern versehen. Auf den folgenden Seiten finden Sie daher mehrfach das große Blatt mit den Kartenabbildungen als Ausschnitt der Gesamtlegung, die für die jeweiligen Dreisprünge und Neunerlegungen wichtig sind. Mit Hilfe von Pfeilen und Einrahmungen verdeutliche ich jeweils die Vorgehensweise. So können Sie schneller ein Gefühl für die Vorgehensweise aufbauen. Ab dem dritten Schritt arbeiten Sie selbstständig mit der Abbildung des großen Blattes auf der übernächsten Seite. Die Deutungen habe ich natürlich zum Vergleich notiert.

Erster Neunerblock: Wir sehen in beiden Neunerlegungen nur die Gefühlswelt und die Verhaltenstendenzen. Im Gefühlsbereich zeigen sich im linken Neunerblock Geriebenheit, Verdrängung und Intuition. Die Klientin kann sich auf ihre Intuition im Moment nicht verlassen. Sie ist zu nervös. Im verhalten kann sie unberechenbar und unnachgiebig sein, bleibt aber fair.

Zweiter Neunerblock: Wir erkennen hier, dass die Klientin sehr harmoniebedürftig ist. Ihre Traurigkeit lässt sie daher besonders leiden. Im Verhalten sehen wir hier Schwäche, Treue und Klagsamkeit. Derzeit wird sie ihre durchaus vorhandene Hartnäckigkeit nicht voll ausspielen können. Sie fühlt sich zu schwach. Die Klientin steht etwas neben sich.

1. Schritt - Hauptperson

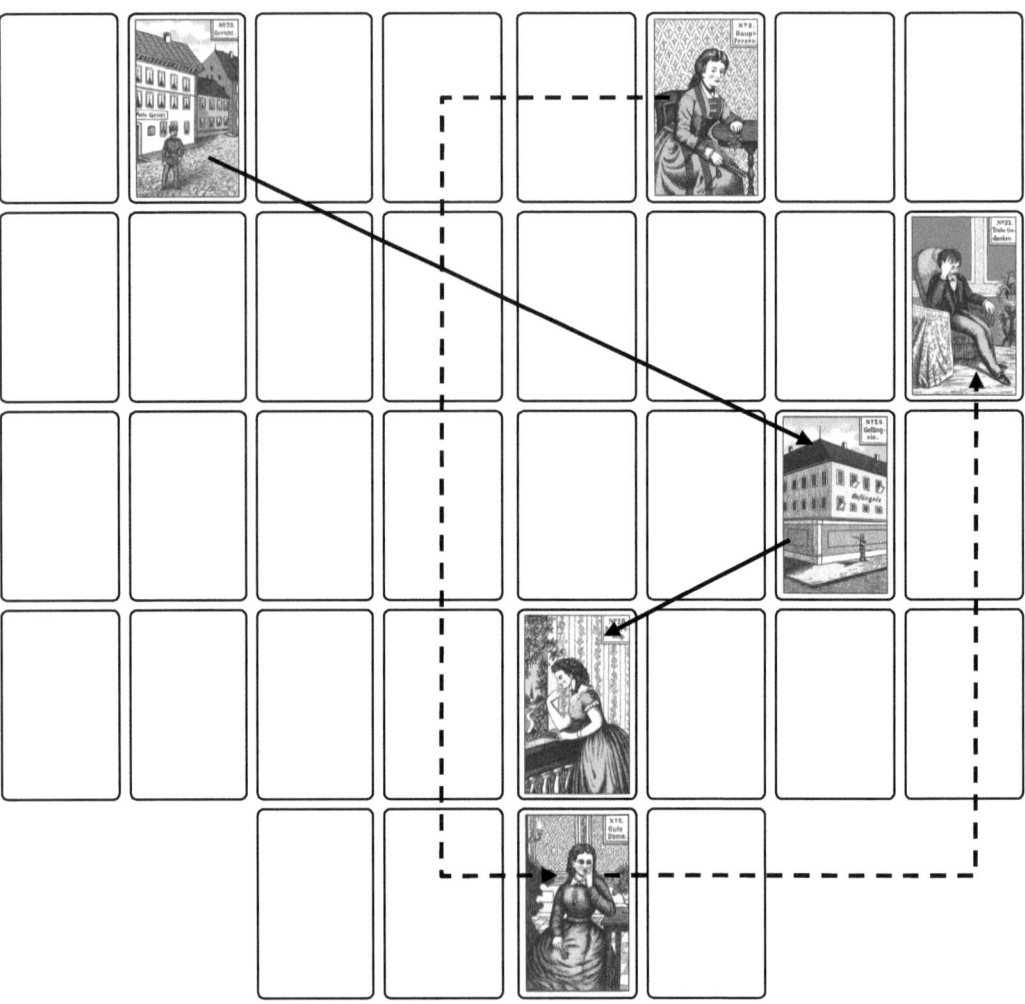

Erster Dreisprung: _Haus der Hauptperson (2) mit Gericht - Gefängnis - Erwartung._ Bei der weiblichen Hauptperson geht es derzeit um eine Entscheidung (Gericht) bzgl. einer Liebschaft. Die Kombination Gefängnis - Erwartung zeigt ein Verhältnis an.

Zweiter Dreisprung: _Hauptperson im Haus der Guten Dame - Haus der Trüben Gedanken - Haus Seine Gedanken._ Die Klientin fühlt sich einsam (Gute Dame) und hängt daher in sehr pessimistischen Gedanken (Trübe Gedanken) fest, was ihre Zukunftspläne beeinflusst (Seine Gedanken).

Erster Neunerblock (Haus Nr. 2): Es hat in der Vergangenheit bereits das Verlustereignis (Diebstahl) gegeben. Die Häusersprünge haben bereits angedeutet, dass es bei der Klientin um ein Beziehungsproblem geht. Wir können davon ausgehen, dass es eine Trennung (Eine Veränderung) gab.

Zweiter Neunerblock (Hauptpersonkarte): Die Beziehung der Klientin (Zusammenkunft) liegt schon in der Vergangenheit als krank (Kurze Krankheit) da. Aktuell beschäftigt sie sich mit der Lage der Familie (Wohnzimmer). Eine Traurige Nachricht bzgl. eines Kindes steht an. Neben der Wohnzimmerkarte deutet die Nr. 18 immer auf ein Kind.

2. Schritt - Beziehung

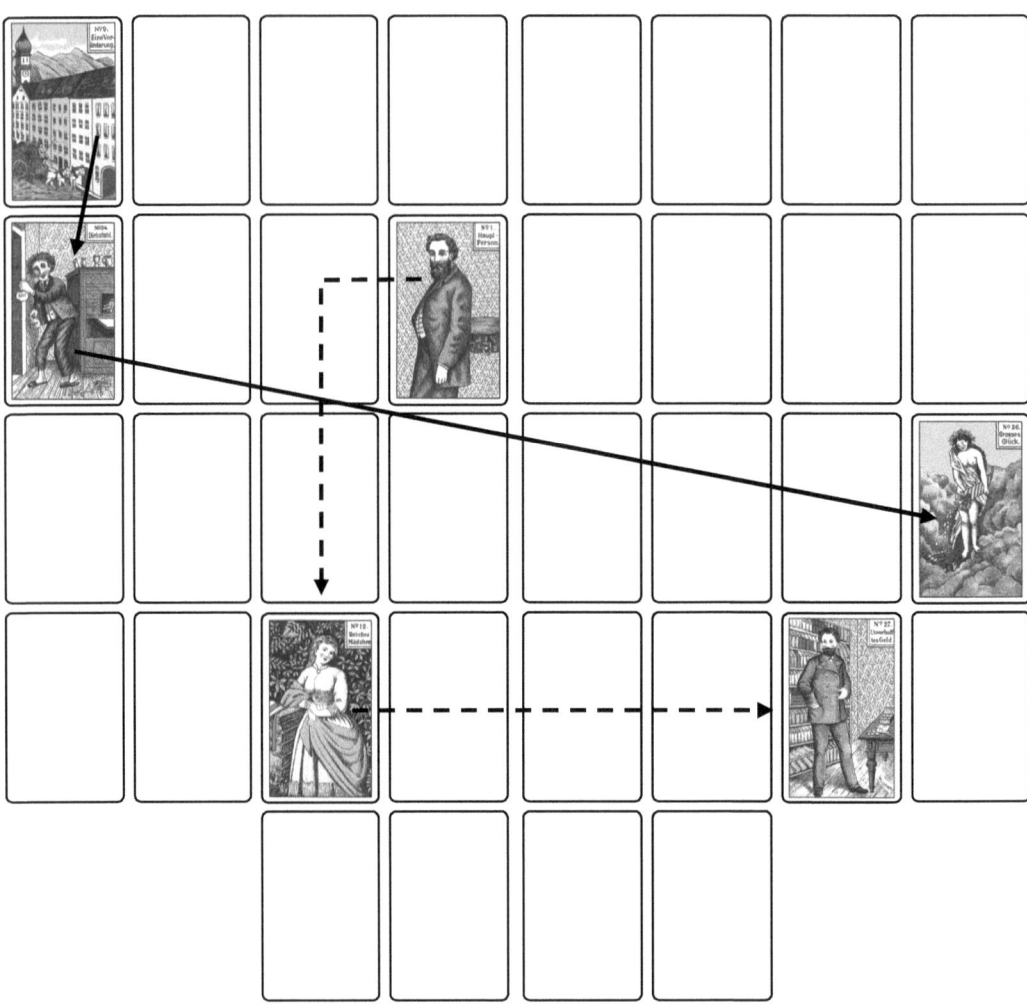

Erster Dreisprung: **Haus des Partners (1) mit Eine Veränderung - Diebstahl - Großes Glück.** Der Partner der Klientin liegt hier in der Veränderung und ist wohl auf dem Sprung (Diebstahl). Die Lage ist nicht hoffnungslos (Großes Glück). Unter Berücksichtigung des ersten Schrittes steht jedoch am ehesten die Trennung an.

Zweiter Dreisprung: **Partner im Haus des Reichen Mädchens (12) - Haus der plötzlichen Ereignisse (27) - Haus der Krankheit (31).** Hier zeigt sich die Verbindung zwischen dem Ehemann der Klientin und der gemeinsamen Tochter. Es kommt plötzlich zu einem unangenehmen Ereignis oder einer Unzufriedenheit.

Erster Neunerblock (Haus Nr. 1): Im Neunerblock des Partners ist zu erkennen, dass dieser sich aus der Beziehung herauslösen wird. Die Zeitkarte Eine Veränderung deutet auf einen Zeitraum von etwa drei Monaten. Als Zukunftstendenz sehen wir die offizielle Entscheidung (Gericht - Militärperson). Die Trennung wird ausgesprochen.

Zweiter Neunerblock (Partnerkarte). Bereits in der Vergangenheit gab es mehrfache Entscheidungswechsel bzgl. der Beziehung, wobei die Hoffnung stärker war als der Glaube. Derzeit besteht die Ehe vor allem aus finanziellen Überlegungen heraus. Finanzielle Fragen werden auch in den nächsten Monaten Probleme bereiten.

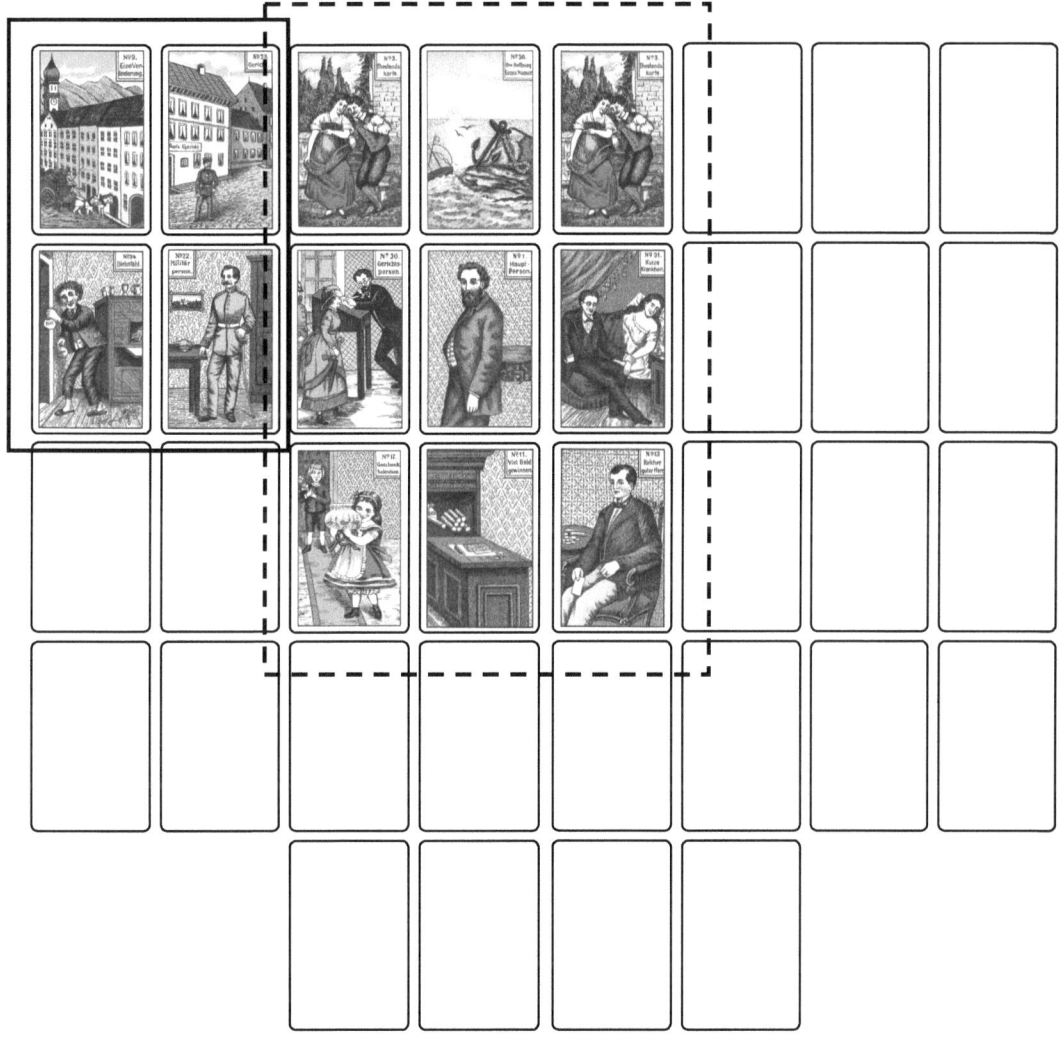

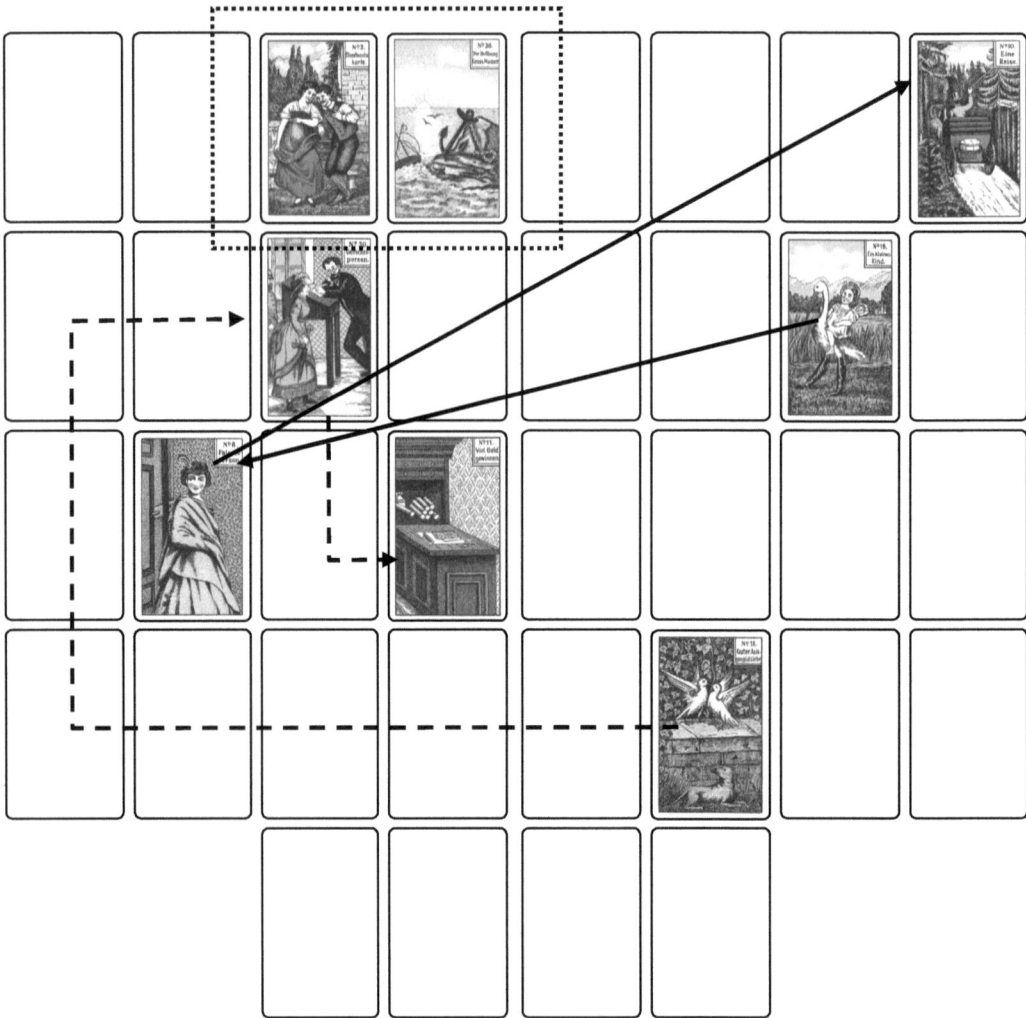

Kombination Haus der festen Partnerschaft (3) - Haus der Zusammenkunft (4) *mit Ehestandskarte und Die Hoffnung, Großes Wasser.* Die Karte Nr. 3 liegt in ihrem eigenen Haus. Das zeigt, dass die Verbindung innerlich noch besteht. Das Paar ist nicht in der Lage, das Besondere (Hoffnung, Großes Wasser) der Beziehung zu sehen.

Dritter Dreisprung: *Ein kleines Kind (18) im Haus der Liebe - Falsche Person - Eine Reise.* Die Klientin hat sich neu verliebt. Diese Liebe wird auf lange Sicht nicht das halten, was sie sich davon verspricht.

Vierter Dreisprung: *Liebe im Haus der Entscheidung (30) - Haus des Geldes (11) - Haus des Hauses (20).* Die Klientin hat sich für die neue Beziehung entschieden, wobei es auch um Absicherung geht.

Dritter Neunerblock (Haus Nr. 15): In der Vergangenheit war die Klientin sehr auf die Familie konzentriert. Gegenwärtig ist sie zwar neu verliebt, gleichzeitig jedoch in einem Wechselbad der Gefühle und dadurch innerlich blockiert. Auf lange Sicht wird es ihr wieder gut gehen und sie wird glücklich. Ihre Selbsteinschätzung fällt jedoch pessimistisch aus.

Vierter Neunerblock (Karte Nr. 15): In der Vergangenheit haben Geldsorgen die Beziehung immer wieder belastet. Die momentane Liebe tut ihr zum jetzigen Zeitpunkt definitiv gut. Dennoch werden relativ plötzlich auch einige Schwierigkeiten kommen, die vor allem damit zu tun haben, dass die Klientin noch verheiratet ist.

3. Schritt - Familie

Viererblock der Familie: Partner - Kurze Krankheit - Viel Geld gewinnen - Reicher guter Herr. Einerseits sehen wir hier, dass das Geld eine zentrale Rolle spielt. Wir hatten das bereits festgestellt. Andererseits sollte nun die Verbindung zwischen Vater und Tochter näher betrachtet werden, da er in ihrem Haus liegt.

Erster Dreisprung: Haus der Tochter (12) mit der männlichen Hauptperson (Ihr Vater) - Eine Veränderung - Diebstahl. Hier deutet sich an, dass die Tochter bei ihrem Vater bleiben möchte bzw. mit ihm gemeinsam ausziehen wird. Der Mutter geht sie damit zunächst „verloren".

Zweiter Dreisprung: Reiches Mädchen im Haus der plötzlichen Ereignisse (27) - Haus der Kurzen Krankheit (31) - Haus des Reichen Guten Herrn (13). Noch einmal zeigt sich das plötzliche Ereignis bzgl. der Tochter. Ihre Entscheidung hat auch mit finanziellen Überlegungen zu tun (Kurze Krankheit im Haus des Reichen guten Herrn).

Neunerblock (Tochterkarte). Hier liegt der ungünstige Einfluss der Großeltern in der Vergangenheit und Gegenwart. Die finanziellen Überlegungen werden von ihnen geschürt. Grenzt Zu hohen Ehren kommen an die Karten Nr. 5 oder 6, geht es immer um Großeltern der anliegenden Personkarte. Der Neunerblock um das Tochterhaus wurde bereits für die männliche Hauptperson gedeutet.

4. Schritt - Beruf

Erster Dreisprung: Haus des Berufes (34) mit Guter Herr - Zusammenkunft - Ehestandskarte. Unsere Klientin wird eine Unterredung mit Ihrem Vorgesetzten oder mit dem Chef haben. Es wird bei dem Termin um den Arbeitsvertrag (Ehestandskarte) gehen.

Zweiter Dreisprung: Berufskarte im Haus des Kummers (32)- Haus der zweijährigen Entwicklung (35) - Haus der Wiederholung (17). Es geht also um einen Zweijahresvertrag. Die Klientin macht sich Sorgen über ihre Vertragsverlängerung und befürchtet, dass es nicht klappt.

Erster Neunerblock (Haus Nr. 34). Der Chef der Klientin hat in der Vergangenheit nicht durchblicken lassen, wie er über die Verlängerung denkt. Daher erwartet sie nun eine schlechte Nachricht. Der gute Ausgang ist jedoch sicher (Guter Ausgang in der Liebe - Ein Todesfall). Denken Sie noch einmal daran: Der Todesfall setzt einen Punkt!

Zweiter Neunerblock (Berufskarte). Schon in der Vergangenheit gab es einen unerwarteten Schritt in ein stabiles Vertragsverhältnis. Die gegenwärtige Lage im Beruf steht unter einem Glücksstern. Die Klientin schätzt die Lage natürlich aufgrund ihrer Belastungen eher pessimistisch ein. Wir können Entwarnung geben. Der Vertrag wird verlängert.

5. Schritt - Finanzen

Erster Dreisprung: Haus der Finanzlage (11) mit Gerichtsperson - Gefängnis - Erwartung. In finanziellen Angelegenheiten sind bereits einige Entscheidungen getroffen worden. Es gibt eine Anlage, die aber erst in einigen Monaten abgerufen werden kann.

Zweiter Dreisprung: Finanzkarte im Haus des Hauses (20) - Haus Zu hohen Ehren kommen (25) - Haus des Glückes (26). Die vorhandene Anlage war eigentlich als Altersvorsorge gedacht. Es handelt sich auf jeden Fall um eine gute Geldanlage.

Erster Neunerblock (Haus Nr. 11). An der Kombination 23-22-8 sehen wir, dass finanzielle Entscheidungen in der Vergangenheit sehr wechselhaft waren, mal zum Vorteil, manchmal auch zum Nachteil. Die momentanen Entscheidungen sind ebenfalls von diesem Wechselbad geprägt (36-23-17). Vieles wird vom Partner abhängen. Die Verträge laufen wohl auf seinen Namen oder können nur mit seiner Zustimmung verändert werden (3-1-11).

Zweiter Neunerblock (Viel Geld gewinnen). Noch einmal ein Hinweis auf vergangenen Entscheidungen, die mit der Entwicklung von Zinsen zu tun hatten (23-17-12). Derzeit liegt auch hier die Abhängigkeit vom Partner (1-11-16), der wieder Pläne macht. Die Zeit bis zur Auszahlungsmöglichkeit der Geldanlage wird schwierig (31-13-28). Die Lage bleibt zunächst angespannt.

6. Schritt - Wünsche

Erster Dreisprung: Haus der Erwartung (28) mit Seine Gedanken - Trübe Gedanken - Gute Dame. Die Grundhaltung der Hauptperson ist eher pessimistisch. Daher ist sie mehr damit beschäftigt, die momentane Lebenssituation irgendwie in den Griff zu bekommen als über ihre Wünsche nachzudenken.

Zweiter Dreisprung: Erwartung im Haus der Blockaden (29) - Haus der getroffenen Entscheidungen (23) - Haus des Geldes (11). Auch hier wird deutlich, dass für Wünsche derzeit kein platz ist. Alles dreht sich ums Geld. Wünsche sind tatsächlich blockiert.

Erster Neunerblock (Haus Nr. 28). In der Vergangenheit bezogen sich die meisten Wünsche auf die Familie. In der Gegenwart steht das Geld im Vordergrund. Und auch in der näheren Zukunft wird es vor allem um finanzielle Sorgen gehen. Wünsche beziehen sich also allenfalls auf die Verbesserung der finanziellen Situation. Ein älteres Ehepaar spielt dabei eine Rolle (Gute Dame - Guter Herr). Die beiden können als finanzielle Helfer einspringen.

Zweiter Neunerblock (Karte Erwartung). Vergangenheit und Gegenwart überschneiden sich mit dem vorherigen Neunerblock und zeigen die gleichen Bedeutungen. Als weitere Zukunftstendenz sehen wir mit 7-15-19 eine wirkliche Verbesserung, die definitiv kommt (19). Das wird jedoch 3 bis 6 Monate dauern.

7. Schritt - Vorsicht!

Erster Dreisprung: Haus der Falschheit (8) mit Eine Reise - Militärperson - Angenehmer Brief. Die Klientin muss mit einem Behördenbrief rechnen, der entweder schon längere Zeit unterwegs bzw. in Bearbeitung ist oder aus einer weiteren Entfernung zugesandt wird.

Zweiter Dreisprung: Falsche Person im Haus des kleinen Kindes (18) - Haus der Liebe (15) - Haus der getroffenen Entscheidungen (30). Hier klärt sich die Behördennachricht auf. Es geht um das gemeinsame Kind, die Tochter der Klientin, die ja mit dem Vater weggehen möchte. In dieser Angelegenheit wurde bereits etwas unternommen. Es ist wohl am ehesten mit einem Anwaltsschreiben zu rechnen. Hier wird falsch gespielt!

Erster Neunerblock (Haus Nr. 8). Die Hauptperson hat bereits in der Vergangenheit gespürt oder gewusst, wie die Tochter sich entscheiden wird. Diese Erkenntnis macht sie traurig und verzweifelt.

Zweiter Neunerblock (Falsche Person). Schon in den letzten beiden Jahren gab es Verluste innerhalb der Familie. Nun geht es um die Regelung des Sorgerechtes (Militärperson - Zu hohen Ehren kommen steht häufig für Sorgerechtsangelegenheiten oder Adoption). Es wird noch einiges hin und her gehen. Die Tochter wird in ihrer Entscheidung noch einige Male schwanken (23-17-12).

8. Schritt - Verlustrisiko

Erster Dreisprung: Haus der Verluste (24) mit Großes Glück - Zu hohen Ehren kommen - Haus. Hier deutet sich zunächst einmal etwas Gutes an. Die Karte Großes Glück steht dafür, dass keine großen Verluste anstehen. Das ist so zu verstehen, dass die Klientin alles in allem ordentlich aus den Schwierigkeiten herauskommen wird. Dass die Trennung Geld kostet und die Tochter mit ihrem Vater geht, ist dadurch nicht aufgehoben. Wir sehen jedoch, dass die Klientin einen gewissen Schutz des Schicksals genießt (26-25-20).

Zweiter Dreisprung: Diebstahl im Haus der Veränderung (9) - Haus der männlichen Hauptperson (1) - Tochterhaus (12). Innerhalb von etwa drei Monaten wird die Tochter mit ihrem Vater zusammen ausziehen. Der geplante Auszug wird sich etwas verzögern, findet aber statt.

Erster Neunerblock (Haus Nr. 24). In der Vergangenheit haben sich Verlust in Grenzen gehalten. Aktuell steht die Sorge um den Arbeitsplatz an. Die Glückskarte gibt jedoch Entwarnung.

Zweiter Neunerblock (Karte Diebstahl). Hier zeigen sich Veränderungen in der Gegenwart, die durchaus als Verlust erlebt werden. Das ganze zieht sich noch zwei Jahre hin. Behördliche Entscheidungen werden Verluste bringen. Das Tochterthema zeigt sich hier. Die Karte Großes Glück zeigt, dass es am Ende gut für die Klientin ausgehen wird.

9. Schritt - Überraschungen

Erster Dreisprung: Haus der Überraschungen (27) mit Reiches Mädchen - Männliche Hauptperson - Eine Veränderung. Nichts Neues. Dass die Tochter mit dem Vater geht, ist nun keine Überraschung mehr. Das haben wir schon gesehen und mit der Klientin besprochen.

Zweiter Dreisprung: Überraschungskarte im Haus der kurzen Krankheit (31)- Haus des Reichen guten Herrn (13, Bankkonto) - Haus der Familie (21). Auch hier nichts Neues. Die angespannte finanzielle Lage ist bekannt. Es werden sicherlich Ausgaben kommen, die trotz allem unvorhergesehen sind.

Wir erhalten hier keine wirklichen neuen Informationen. Das kommt natürlich vor. Die Überraschungen und plötzlichen Ereignisse können sich natürlich auch an anderen Stellen im Kartenbild zeigen, so wie es hier der Fall ist. Natürlich könnte sich auch etwas völlig anderes hier zeigen, dann sollten wir die Kombinationen genauer analysieren und die Neunerlegungen betrachten. Hier ist es nicht erforderlich bzw. bringt uns keine tief greifenden Erkenntnisse.

10. Schritt - Kombinationen

Halten Sie Ausschau nach Kombinationen, die in Ihrer Deutungsarbeit eine besondere Bedeutung haben und lesen Sie die Kartenbedeutung im Zusammenhang der gesamten Legung. Hierzu bleiben wir an der Oberfläche des Kartenbildes und suchen Zweier- oder Dreierkombinationen. Anliegende Karten dürfen natürlich in die Deutung einbezogen werden. Natürlich benötigen wir etwas Übung, die kommt jedoch meist schneller als gedacht. Welche Kombinationen Sie finden, liegt vor allem an Ihrem speziellen Kartenverständnis. Auch das entwickelt sich mit der Zeit.

Die Kombination Angenehmer Brief - Gefängnis ist beispielsweise die typische Krankenhauskombination. Im Kartenbild grenzt sie sogar zweifach an die Krankheit an, einerseits an die links oberhalb liegende Karte Kurze Krankheit und andererseits an das Haus der Krankheit (31). Der Hinweis wird also noch deutlicher. In der Zukunftstendenz sehen wir die Karte Großes Glück. Was können wir daraus schließen?

Ein Krankenhausaufenthalt steht an. Entweder muss sich die Klientin einer Behandlung unterziehen oder es geht um den Aufenthalt in einer Kurklinik. Es wird ihr auf jeden Fall gut tun und alles wird gut verlaufen (Großes Glück). Bei Gesundheitsfragen zeigt die Kombination Wohnzimmer - Angenehmer Brief meist den Arztbesuch an. Die Klientin war schon beim Arzt und weiß um den anstehenden Klinikaufenthalt.

Ich möchte noch einmal darauf hinweisen, dass ich keine Diagnosen abgebe und keine Prognosen zum Verlauf von Erkrankungen oder zu Heilungsaussichten. Das sollen die Ärzte und Heilpraktiker übernehmen.

In einem nächsten Schritt können nun spezielle Fragen der Klientin beantwortet werden. Suchen Sie hierzu immer das Haus bzw. die Karte, die das angesprochene Thema am ehesten repräsentiert. Wenn Sie sich nicht sicher sind, handeln Sie bitte nach Gefühl. Die Karten, die Sie am deutlichsten mit einem Thema in Verbindung bringen, geben Ihnen auch die meisten Auskünfte.

Mit der Zeit können Sie die Deutungen erweitern, indem Sie bei jedem Neunerblock noch die waagerechte Linie in die Zukunft mit betrachten und so, je nach Lage des Blocks weitere Aussagen erhalten. Auch den Dreisprung könnten Sie um zusätzliche Sprünge erweitern. Damit wird die Deutung aber auch komplexer. Das Einfache ist oft besser als zu viele Details. Experimentieren Sie!

Kartenlegekurse mit Ingo Simon!

Ingo Michael Simon
www.praxissimon.de

Ich biete regelmäßig Kartenlegekurse für Einzelpersonen und
für kleine Gruppen in meiner Praxis an. Stöbern Sie einfach
auf meiner Homepage und finden Sie Ihren Kipperkurs!

www.praxissimon.de

Auf meiner Homepage finden Sie außerdem
viele spirituelle Kurse und Seminare
sowie Hypnoseausbildungen!

Ich freue mich auf Ihre Anfrage!

Die Kipperkarten auf einen Blick

Karte	Bedeutung
Männliche Hauptperson	Fragesteller, Partner
Weibliche Hauptperson	Fragestellerin, Partnerin
Ehestandskarte	Ehe, feste Bindung, Pflichten, treu, beschützend
Zusammenkunft	Treffen, Verabredung, Vorstellungsgespräch, Gruppe, Festlichkeit, Öffentlichkeit, familiär, offen
Guter Herr	Vater, Großvater, Chef, Freund, Ex-Partner, Lernprozess, Reife, sorgfältig, einsam, zurückhaltend
Gute Dame	Mutter, Großmutter, Chefin, Freundin, Ex-Partnerin, Lernprozess, Abgrenzung, sorgfältig, zurückhaltend
Angenehmer Brief	Nachricht, Dokument, kommunikativ, aktiv
Falsche Person	Lüge, Missgunst, Falschheit, Gefahr, Wut, hinterlistig
Eine Veränderung	Wandel, kurze Reise, Städtereise, 3 Monate, variabel, anpassungsfähig, unruhig aktiv (positiv), aktiv handelnd
Eine Reise	Langfristigkeit, Fernreise, 10 Jahre, Fernweh, selbstkritisch, konstruktiv
Viel Geld gewinnen	Geld, Stabilität, Wohlstand, Bequemlichkeit, besitzorientiert, zufrieden, unflexibel
Reicher Mädchen	Tochter, Schwester, Freundin, Aktivität, Einnahmen kleine Summen, forschend, aktiv und freundlich
Reicher guter Herr	Sohn, Bruder, Freund, Bank oder Konto, konservativ, wohlwollend, vorsichtig, scheu
Eine traurige Nachricht	Schlechte Nachricht, Erkenntnis, Trauer, traurige Person, Schwermut, pessimistisch, traurig, passiv
Guter Ausgang in der Liebe	Liebe, Freundschaft, Zuneigung, Besserung, verliebt, freundlich, nett
Seine Gedanken	Gedanken, Pläne, Absichten, Überlegungen, gebildet, intelligent, introvertiert, höflich und vornehm

Ein Geschenk bekommen	Geschenk, Talent, Begabung, Kreativität, Wiederholung, naiv, unbekümmert, unvoreingenommen, ehrlich, redlich
Ein kleines Kind	Kind, Neuanfang, Aufschwung, innovativ, fröhlich, offen, aktiv und konstruktiv
Ein Todesfall	Stillstand, Umbruch, Abschluss, entschlossen, stur,
Haus	Sicherheit, Absicherung, Haus, Gebäude, Stabilität, Schutz, konservativ, zufrieden, verlässlich
Wohnzimmer	Wohnung, Familie, 4 Wochen, familiär, treu
Militärperson	Disziplin, Strenge, Ordnung, Behörde, rigide, kontrollierte Emotionen, korrekt, anständig
Gericht	Entscheidung, Urteil, Behörde, verurteilend, streng
Ein Diebstahl	Verlust, Risiko, Fehlschlag, Geheimnis, unberechenbar
Zu hohen Ehren kommen	Erfolg, Würde, Alter, Ausbildung, Respekt, reif und weitsichtig, hoch spirituell
Großes Glück	Glück, Erfolg, Minderung schlechter Karten, gute Absichten, glücklich, liebevoll helfend
Unverhofftes Geld	Überraschung, 2 Wochen, ideenreich, heiter, spontan
Erwartung	Sehnsucht, Wünsche, Träume, Hoffnung, 3 Monate, unausgesprochene Gedanken, zurückhaltend, defensiv
Gefängnis	Blockade, Hindernis, großes Gebäude, Fabrik, blockiert,
Gerichtsperson	Entscheidung, Amtsperson, entschlossen, unnachgiebig
Kurze Krankheit	Schwäche, Unzufriedenheit, Krankheit, destruktiv
Kummer, Widerwärtigkeiten	Sorgen, Probleme, Schwierigkeiten, ratlos, ängstlich
Trübe Gedanken	Grübeln, Zukunftsangst, ängstlich, unsicher, klagsam
Arbeit, Beschäftigung	Beruf, Ausbildung, Anstrengung, realistisch, zupackend
Ein langer Weg	Dauerhaftigkeit, Langfristigkeit, Entwicklungsweg, 2 Jahre, konsequent, ausdauernd
Die Hoffnung, Großes Wasser	Spiritualität, Ausland, Gewässer, Alter, Intuition, analytisch oder esoterisch

Nachwort

Geschafft!

Nun wissen Sie alles, was Sie für die Deutungsarbeit mit den Kipperkarten benötigen. Mit der Zeit werden Sie weitere Wege oder Vorgehensweisen mit Ihren Karten entwickeln, Kombinationen entdecken und Legemuster ausprobieren. Wenn ich Ihnen mit diesem Buch helfen konnte, einen tieferen Einblick in das Kartenverständnis zu erhalten, ist das Ziel dieses Buches erreicht.

Wie geht es jetzt weiter?

Nun sollten Sie üben, üben, üben! Legen Sie so oft wie möglich ein großes Blatt für Freunde und Bekannte und am besten schon bald für fremde Menschen. Denken Sie immer daran, dass Kartenlegen vor allem Beratungsarbeit ist und damit Angebote zur Deutung macht. Die Gestaltung des eigenen Lebens bleibt immer Aufgabe und Herausforderung jeder einzelnen Person. Falls Sie den ersten Band, *Das Geheimnis der Kipperkarten - Ein Kursus im Kartenlegen*, noch nicht gelesen haben, empfehle ich es Ihnen als Ergänzung.

Ein Kursus im Kartenlegen (Band 1)

Im ersten Band des Buches geht es um die Grundbedeutungen der Kipperkarten und um das Kombinieren mehrerer Karten zu einer Gesamtaussage. Das stelle ich Ihnen anhand des erweiterten keltischen Kreuzes und im Umgang mit der Neunerlegung vor. Anhand vieler ausführlicher Deutungsbeispiele zeige ich Ihnen Schritt für Schritt, wie dabei vorgegangen wird. Dabei kommen natürlich meine speziellen Kartendeutungen ins Spiel, die von anderen Kartenlegern teilweise stark abweichen.

Kartenlegekurse

Vielleicht haben Sie auch Lust bekommen, im direkten Kontakt mit einem erfahrenen Kartenleger oder in einer kleinen Gruppe die Kartarbeit zu vertiefen. Ich freue mich, wenn Ihnen dieses Buch gefällt. Ich begrüße Sie auch gerne zu einem Kartenlegetraining oder zu einem Gruppenkurs in meiner Praxis. In gemütlicher Atmosphäre lernen Sie Profivarianten und erhalten Zugang zu tieferen Ebenen Ihrer Kipperkarten.

Ich wünsche Ihnen viel Spaß mit Ihren Kipperkarten und ganz viel Erfolg bei der Arbeit mit Ihren Klienten!